돈의 거짓말

무엇이 당신의 돈을 훔쳐가는가

돈의 거짓말

정길원 지음

✦ A lie about money ✦

포레스트북스

잃지 않고 버는 법,
속지 않고 사는 법

: 순박한 게일 사람 이야기

일해서 부를 일구기 점점 더 어려워지는 세상이다. 자본소득 증가율이 노동소득을 앞선다는 것은 굳이 피케티의 책을 읽지 않아도 체감할 수 있다. 나눌 몫은 정해져 있는데, 소수가 많이 가져가면 나머지 사람들의 삶이 팍팍해지는 것은 당연하리라.

투자하지 않으면 배제되고 이주당하는 세상이다. 자연스럽게 부동산, 주식, 가상화폐까지 눈길이 간다. 주위를 둘러보면 꼭 부자가 되려는 욕심보다 작지만 정주定住할 수 있는 안락한 집과 자존감을 지키면서 살 수 있는 현금을 마련하겠다는 소박한 목표로 시작한다. 하지만 이제 투자의 성패는 생존권과 직결된다.

경제학에 조예가 깊은 이 공작부인은 서덜랜드주 전체를 목양지로 전환할 것을 결심했다. 18세기 게일 사람들(스코틀랜드 고지인)은 인클로저 운동(농지를 목양지로 전환)으로 토지에서 축출되었을 뿐 아니라 국외로 이주하는 것마저 금지되었다. 인클로저 운동으로 추방된 주민에게 가족당 2에이커(1에이커는 약 4,047㎡이다)씩 6,000에이커의 토지를 해변에 배당했다. 종전에는 황무지였으며 아무런 수입도 가져다주지 못했던 땅이다. 해변에 추방된 사람들은 어업으로 생활하고 반은 육상, 반은 수상에서 지냈는데, 생활비의 절반밖에 거두지 못하였다.

그러나 선량한 게일 사람들은 한층 더 가혹한 시련을 겪었다. 물고기 냄새가 코를 찌르자 공작부인은 거기에 돈벌이가 있는 것을 알아차리고, 그 해변을 런던의 생선 장수들에게 임대했다. 게일 사람들은 다시금 추방되었다.

목양지의 일부가 이번에는 사슴 사냥터로 재전환되었다. 수렵장으로 된 고지 대부분이 목양지로 임대하는 것보다 더 유리한 것이 사실이기 때문이다. 수렵지를 구하는 사람들은 돈주머니가 허용하는 대로 값을 낸다. (중략) 사슴은 더욱 자유로운 놀이터를 얻었는데 사람들은 점점 더 협소한 지역으로 몰려갔다. 주민의 자유는 하나씩 빼앗겼다. 또한 억압은 나날이 증대되어 간다. 주민의 청소와 축출은 확고한 원칙으로서 지주들에 의해 수행되는데, 이 업무는 조용히 사무적으로 수행되고 있다.

— 『자본론 1-하』, 「8편 이른바 자본의 시조축적」 중

자본은 이런 것이다. 자본은 스스로 증식한다. 증식을 위해 더 많은 이익을 주는 곳으로 이리저리 옮겨 다닌다. 이 과정에서 아주 사무적으로 희생양과 디아스포라를 양산한다.

그저 먼 나라 옛날얘기처럼 들리는가? 내가 청소년이던 시절 감수성의 8할을 책임지던 동네 영화관은 대기업의 멀티플렉스로 대체되면서 표 파는 사람, 간판 그리는 사람들은 비정규직으로 바뀌었다. 그런데 넷플릭스NETFLIX라는 기업이 등장하면서 멀티플렉스도 동네 영화관의 운명에 다가가는 단계다. 그곳에서 일하던 사람들은 또 어디로 가야 할까?

다행스러운 점은 지금은 게일 사람들처럼 막무가내로 당하지 않는 여러 수단이 있다는 것이다. 공작부인처럼 센스 있고, 부지런하기만 하면 현대의 주식회사 제도와 금융상품을 통해서 어느 정도 이주의 고통을 막을 수 있게 되었다.

서점에는 200년 전 공작부인처럼 돈 벌 수 있는 비책이 담긴 현란한 제목의 책들이 베스트셀러 코너에 즐비한다. 몇 권만 읽

어보면 모두 부자가 될 것 같다. 퇴근 후 이런 책들을 열심히 읽으면서, 부자의 대열에 합류할 희망에 부푼 젊은이들의 모습이 선연하다.

비동시성非同時性의 동시성同時性이라고 했나. 한편 뉴스와 매체를 도배하고 있는 것은 무슨무슨 펀드와 관련된 수조 원대 사기 사건이다. 이 글을 쓰고 있는 와중에도 라디오에는 아들의 전세 자금과 80대 아버지의 노후 자금을 아무런 의심 없이 사모펀드에 투자한 가장의 하소연이 들려온다. 가족들에게는 아직 말하지 못하고 있다고, 어떻게 해야 하냐고, 죽이고 싶다고.

⦂ 잃지 않는 법 > 돈 버는 법

인류의 역사는 폭력의 과정이었다. 스티븐 핑거Steven Pinker는 책 『우리 본성의 선한 천사』에서 "인간의 이성을 발휘한 여러 제도가 만들어지면서 폭력과 전쟁에 의한 희생자와 비극이 줄어들고 있다"라고 했다. 그에 따르면 당나라 중기 안사의 난 당시에 죽은 사람이 3,600만 명이다. 20세기 인구 기준으로 환산하면 4억 2,900만 명에 해당한다. 역사상 가장 많은 사람이 숨진 사건을 골라 20세기 인구 비율로 다시 계산하면 그 규모는 현저히 줄어들고 있다. 핑거는 이 단순한 메시지를 1,400쪽에 걸쳐서 증명했다.

물리적 폭력은 줄었는지 모르지만, 영혼을 파괴하는 보이지 않는 폭력인 생활 사기와 금융 사기는 오히려 늘어만 가고 있다. 대검찰청에서 발표하는 범죄 동향 데이터를 보면, 강력 범죄는 줄어들고 있는데, 사기 범죄는 좀처럼 줄어들 줄 모른다. 특히 어려울 때 더 극성이다. 코로나 사태를 겪으면서 막대하게 풀려나온 유동성의 힘으로 코인으로 직장을 때려치웠네, 테슬라로 몇 배를 먹었네 하는 무용담이 심심치 않게 들리지만, 금융감독원의 자료에 따르면 대출 사기의 비율은 40%나 늘었다고 한다.

금융 시스템이 발달한 우리나라에서만 1년에 사기 고소가 20만 건이라고 하니, 단순 증폭해 봐도 전 세계로 치면 3천만 건이고 그림자 금융의 규모가 큰 저개발 국가를 가중하면 그 어떤 전쟁보다 피해가 큰 사건이 매년 일어나고 있음이 분명하다. 금융 사기는 '호랑이-전쟁-호환마마'로 이어지는 위험의 계보에 대기 1순위임이 분명하다.

나는 돈을 벌기 위한 비밀을 왜 공공연히 드러내는지 의문과 함께, 반대로 돈을 잃지 않기 위한 책은 왜 없는지 의아했다.

"All happy families are alike; each unhappy family is unhappy in its own way". 유명한 소설 『안나 카레니나』의 첫 문장이다. 굳이 해석하면 "행복한 가정은 모두 비슷한 이유로 행

복하지만, 불행한 가정은 저마다의 이유로 불행하다" 정도일 것이다. 행복한 가정은 능력 있는 아버지, 자애로운 어머니, 총명한 자식들 등등 통념적이지만 이 중 하나라도 빠지면 이루어지기 어렵다(사실 이 모든 것을 가진 집을 본 적이 없다. 아무리 행복해 보여도 누구나 숨기고 싶은 아픈 구석이 있는 법이다).

투자와 금융시장을 통해 돈을 버는 것은 개념적으로 반대인 듯하다. 재테크, 주식 투자를 다룬 책을 아무리 많이 읽는다고 해도 모두 부자가 될 수 없고, 많이 읽을수록 더 큰 부자가 되는 것도 아니다. 좋은 결과에 과정을 입힌 것이 대부분이다. 무엇보다도 운이 작용했는지, 실력이 작용했는지 알 수 없다.

반대로 금융 사기를 당하고, 투자에 실패하는 경우는 대개 공통점을 지닌다. 대상의 가치를 파악하지 못하고, 의심 없이 금세 믿고, 무엇보다 욕심이 과한 경우다.

인간사에 지식과 합리성을 더 많이 적용하는 능력(이성의 에스컬레이터)은 폭력의 순환이 헛되다는 것을 깨닫게 하고, 자신의 이해를 타인의 이해에 앞세우는 행위를 줄이고, 폭력의 개념을 재구성함으로써 폭력을 경쟁에서 승리해야 할 행위이기보다는 해소해야 할 숙제로 보게 된다.

— 스티븐 핑거, 『우리 본성의 선한 천사』 중

내가 이 책을 쓰는 이유는 바로 이것이다. '영끌', '빚투'를 통해 '이생망(이번 생은 망했어의 줄임말)'을 벗어나고자 하는 젊은 세대, 공동체의 후배들이 금융시장의 악당들에게 털리지 않는 팁을 주고 싶다. 이성을 발휘해 위기를 피해나가고, 물리적 폭력이 줄었듯 금융 사기가 줄었으면 좋겠다. 순박한 게일 사람처럼 되어서는 안 되니까.

금융 사기가 늘어나는 시기는 기술적 혁신이 생기고 풍부한 유동성이 결합할 때다. 행운의 편지가 이메일이나 SNS를 통해 접근하고, 포야이스 공화국(가상의 식민지)은 코인으로 탈바꿈하고 있다. 저금리를 넘어 무無금리의 상황은 코로나 사태를 계기로 굳어지는 분위기지만, 유동성의 안개가 걷히면 악당의 모습은 뚜렷해질 것이다. 역사상 최대의 폰지 금융 사기범인 메이도프 또한 수십 년간 무탈하다가, 2008년 금융위기가 발발하면서 더러운 실체가 드러났다.

시장이 '공정'하다고?

예나 지금이나 한정된 자원과 기회를 놓고 여러 사람이 경쟁할 때 전제되어야 하는 것은 무엇보다 공정성이다. 공정성이 담보되

돈의 거짓말

지 않는다면 이후의 시비는 혼란으로 이어지거나, '열심히 해봐야 뭐하냐'라는 식의 좌절감이 사회의 역동성을 떨어뜨릴 수밖에 없다.

그럼 주식시장, 금융시장은 공정할까?

배고픈 아이 두 명에게 하나의 빵을 주면서 한 아이에게 빵을 자를 권리를 주고, 다른 아이에게는 잘린 빵을 선택할 권리를 준다고 가정하자. 이보다 더 균형 있고 공정한 방식이 있을까. 잘린 빵의 크기는 정확히 같을 수밖에 없다. 혹시 빵을 자르는 아이가 배려심이 많은 천사가 아니라면 말이다.

주식과 금융상품은 빵과 다르다. 그 가치의 파악이 빵처럼 직관적이지 않다. 빵을 자르는 아이는 항상 불균형하게 나누고, 연신 네가 집은 부분이 더 크다고 속삭인다. 어떤 것을 집을지는 오로지 당신의 몫이다.

최근 주식시장의 열기를 취재한 일간지의 설문조사에서 입시나 부동산과 달리 주식시장은 공정하다는 결과가 나온 걸 보면서 마음이 무거워졌다. 형식적으로 금융시장은 매우 공정하다. 누구나 쉽게 시장에 접근할 수 있고 돈을 보낼 수 있다. 하지만 대상에 대한 판단에서는 그 능력치가 동일할 수 없다. 메시와 같이 축구 경기를 벌이라면 당연히 불공정하다고 하겠지만, 금융시장 및 주식시장에서는 그게 공정이다. 시장이 불공정하다고 단언할 수는 없지만, 적어도 돈이 많은 사람, 금융시장의 구조를 잘 아는 사람에게 기회가 더 많고, 조력자가 많다는 점은 분명하다.

지금은 넘쳐나는 유동성으로 시장이 좋지만, 거품은 언젠가 터지기 마련이다. 이는 나중에 들어온 사람, 다시 말하면 적정가치에 대한 평가에 서툴고 조력자의 도움을 받지 못해 잘못된 빵을 집은 순진한 투자자를 실패로 이끈다.

이 책은 크게 3장으로 구성되어 있다.

1장에서는 역사적 사건, 내가 겪은 실패의 경험, 금융산업을 분석하는 애널리스트로서 접했던 여러 사례 등을 들어 금융 악당의 가면을 한 꺼풀씩 벗겨보았다. 나의 개인적인 이야기까지 꺼내는 것이 다소 부끄러웠지만, 누구나 잘못된 빵을 집을 수 있다는 고백으로 읽어주길 바란다.

2장에서는 투자 대상을 조우했을 때 평가를 위해 기본적으로 갖추어야 하는 원칙, 태도 등을 담았다. 투자뿐 아니라 삶의 여러 불확실성에 대처하는 좋은 팁들이다. 가급적 재미있고 쉽게 쓰려고 노력했으나, 1장과 달리 군데군데 친절하지 않은 구석들이 있다. "말을 물가에 데려갈 수는 있어도 물을 먹게 할 수는 없다"는 격언으로 평계를 대신한다.

3장은 안 털리고 투자하는 사고의 유형이다. 즉 눈앞에 놓인

빵의 크기가 아니라 시간의 지평을 고려한 판단, 손해 보지 않고 투자하는 기술적인 것들이다. 삶에서 흔히 맞닥뜨리는 판단의 시점에서 끄집어내 보길 바란다.

1장에 나오는 악당의 모습을 아무리 많이 보아도, 2~3장의 원칙, 자세들을 갖추지 못하면 무용지물이다. 답을 맞히는 게 아니라 상황에 대응하는 것이 모든 공부의 목표가 아니겠는가. 이 책을 보고 부자가 될 것이라 기대한다면 당장 덮어라. 만약 손해 보지 않는 투자 판단의 근육을 키우고 싶다면 끝까지 읽어라.

눈치 빠른 독자라면 책의 추천사가 없다는 점을 알아챘을 것이다. 사회생활 20년인데 그 정도 도움을 못 받겠냐만, 책의 내용 중 하나인 '권위'를 동원해 판단력을 흐리게 하는 게 싫었다. 보잉의 설립자 윌리엄 보잉의 사무실 벽에 붙은 글귀로 대신하겠다.

사실 이외에 권위는 없다.

There is no authority except facts.

— 히포크라테스 Hippocrates

내가 동원할 수 있는 권위는 죽은 자의 것 정도다.

✦ A lie about money ✦

1부

금융 악당의 모습

1장에서는 금융 사기 및 남을 속여 이익을 취하려는 악당들의 모습과 방식 등을 여러 사례를 들어 보여주고자 한다. 얼굴 가득 탐욕의 웃음을 드러내고 있는 자도 있고, 근사한 금융기관과 금융상품으로 포장된 경우도 있고, 너무 쉽게 속아 넘어가는 어리숙한 자도 있다. 나의 개인적인 이야기까지 꺼내는 것이 다소 부끄러웠지만, 나름 가치 평가에 밝은 사람도 잘못된 빵을 덥석 집을 수 있다는 고백으로 읽어주기 바란다.

속속들이 알 수 있게 구체적이고 생생하게 묘사하려 했다. 당신이 가치 평가와 이론에 자신이 없더라도 예상치 못한 좋은 투자 기회를 제시하는 상대방이 나타났을 때 여기에 나오는 금융 악당들의 모습과 얼마나 비슷한지 떠올려 본다면 도움이 될 것이다.

정리하고 보니 금융 악당들이 동원하는 속임수는 만국 공통어가 아닌가 싶다. 시간과 공간의 차이를 넘어 이어지고 전수된다. 돌려막기, 권위의 동원, 가치 없는 담보의 제공, 부도덕하고 무책임한 중개인, 미래를 단정한 안이한 설계, 숫자와 내러티브를 뒤섞은 허구적인 이야기 등등 외피만 바꿔 입고 생존을 거듭하고 있다. 너무 친근하고 교묘한 이들은 이미 당신 곁에서 판단을 기다리고 있을지도 모른다.

01 돌려막기: 모든 사기의 어머니

⦂ 폰지_멈추면 비로소 보이는 거짓말

폰지 사기는 경제에 관심이 없는 사람도 한 번쯤은 들어본 용어일 것이다. 찰스 폰지Charles Ponzi라는 미국의 이탈리아 이민자가 고안한 사기 방법으로 하나의 대명사처럼 굳어져 내려오고 있다. 우리말로는 '돌려막기'라고도 표현하고, 누구는 '물레방아', 누구는 '인공폭포' 같다고 묘사한다. 앞에 들어온 사람에게 내어줘야 할 돈을 뒤에 새로 들어오는 사람에게 받아서 주는 형태이기 때문이다. 이렇게 너무나 뻔하고 지속될 수 없는 사기 방식인 폰지는 그 외양이 잘 드러나지 않지만, 우리 주위에 너무나 흔하기 짝이 없다.

폰지 사기가 우리를 유인하는 미끼는 새로운 방식의 기술이나 투자 대상을 발굴해서, 시중 금리보다 월등히 높은 수익을 단기간에 확정적으로 제시한다는 점이다. 금융상품의 작동 원리인 위험과 보상, 시간 가치를 가볍게 무시한다.

과거 찰스 폰지는 국제 우표를 싸게 사서 높은 가격에 되팔아 차익을 누리는 기발한 거래 방식을 이용해 90일 만에 원금을 2배로 불려 돌려주겠다고 약속했다. 실제로 초기 투자자에게는 그렇게 지급했다. 후발 투자자들이 쇄도하고 규모가 눈덩이처럼 커지면서 약속한 대로 수익을 지급하려면 확보해야 할 우표가 타이태닉호를 다 채워야 할 정도였다고 하니 지속될 리 없는 구조였다. 찰스 폰지 역시 다니던 은행이 2배나 더 높은 금리를 주면서 예금을 유치하다가 결국 망하는 과정을 보면서 착안했다고 한다. 형태만 다를 뿐 기본적인 방식은 훨씬 이전부터 존재했으리라.

2차 세계대전 이후 경제적 혼란기에 있던 일본에서 발생한 보전경제회사건保全經濟會事 역시 비슷한 방식이었다. "월 두 번의 배당으로 3개월 계약, 1만 엔을 출자하면 5년 후에 복리로 200만 엔을"이라는 표어 아래 전국적으로 자금을 모집했는데, 높은 이

돈의 거짓말

▲ 1953년 보건경제회 신문 광고, '가을까지 기다리지 않고 열매를 수확한다면 기쁨은 더 커질 것입니다'라는 달콤한 문구를 담고 있다. 2차 세계대전 패전 이후 경제적 혼란기에 신음하던 농민, 전쟁 미망인 등 서민들을 중심으로 큰 피해를 줬을 뿐만 아니라, 연쇄적인 뱅크런을 일으키면서 많은 금융기관의 파산을 촉발했다.

율을 지급하면서도 6년이나 지속될 수 있었던 건 뒤에 들어온 바보들이 너무나 많았기 때문이다. 1953년 스탈린 사망을 계기로 일본 주식시장이 폭락하지만 않았다면 몇 년 더 지속됐을지도 모른다.

미국의 경제학자 프랭크 하이너먼Frank Hyneman Knight은 자신의 저서 『위험과 불확실성 및 이윤』에서 일상용어 중 '위험Risk'으로 모호하게 지칭되던 불확정적인 미래 상황을 '위험'과 '불확실성

Uncertainty'으로 구분함으로써 경제적 사고와 분석에 불확실성이
라는 개념을 뚜렷하게 제시한다. 그리고 기업가의 이윤이라는 것
은 불확실성의 대가라고 주장한다. 위험은 계산이 가능하고 이를
근거로 보험이나 헤지가 가능한 반면, 불확실성은 오롯이 투자가
가 짊어져야 하고 이것의 대가가 이윤이라는 논지다.

투자와 기업 운영과 같은 모든 경제활동은 불확실의 연속이고
거둘 수 있는 이익의 수준 역시 불확실하기 짝이 없는 것은 너무
도 당연한데, 폰지 사기는 그 근본을 흔들어버린다. 어찌 이런 말
도 안 되는 속임수에 넘어갈까 싶지만, 여전히 주위에서 목격되
는 것을 보면 그 생존력뿐 아니라 은폐하는 능력도 뛰어난 것 같
다. '도를 아십니까', '선한 기운이 느껴집니다'라는 포교에 넘어
가는 사람이 여전히 있듯이 말이다.

지하철에서는 '상가 급매(월세 80만 원 받고 있어요, 매매가 1.12억, 등
기 이전)' 전단을 어렵지 않게 볼 수 있다. 전통 시장 상인을 대상
으로 20%의 이자를 제시하고, 신뢰를 쌓은 뒤 수백억 원을 예금
이랍시고 받아 챙긴 대부업체의 얘기도 흔히 접할 수 있다. 524채
를 갭투자 했다는 모녀의 재테크 비법도, 친구가 더 이상 좋을 수
없다고 알려준 직장의 실체도, 금융 사기로는 이례적으로 무기징
역을 구형한 옵티머스 펀드 건도 모두 폰지 사기의 형태다.

역사상 가장 큰 금융 사기, 희대의 사기 행각, ○○ 이래 최대

돈의 거짓말

사기 등의 수식어가 붙은 것들을 뜯어보면 모두 폰지의 형태를 띠고 있다. 가히 '모든 사기의 어머니'라 할 수 있다. 규모에 상관없이 확실한 수익을 제시하는 미끼의 근저에는 돌려막기 방식의 폰지가 똬리를 틀고 있다.

다음의 사례들을 보면 다양한 층위에서 일어나는 폰지의 형태와 현명하고 분별력 있는 당신도 예외 없이 이 금융 사기에 당할 수 있다는 점을 알게 될 것이다. 의심 많은 애널리스트인 나조차도 폰지의 희생양이었다는 걸 안 것은 상황이 종료된 이후였다.

꞉ 내가 겪은 두 번의 폰지

벌써 20년 전, 내가 금융회사 전략기획실 대리였던 시절의 얘기다. 세상 물정을 살짝 알아가던 때지만, 여전히 귀가 얇은 젊은 직장인이었다. 어느 날 고위 임원 비서로 재직 중이던 후배가 이런 제안을 한다.

"형님! 제가 좋은 투자 건 하나 진행하는데 들어오실래요? 중견 건설사 회사채인데 잠깐 유동성 해결하려고 발행하는 거예요. 만기 1년인데 그때까지 안 가고 4개월 이후에 상환할 거예요. 금리는 10% 확정이에요."

"그래? 그런 게 있어? 나 말고도 하려는 사람 많을 거 같은데, 나한테까지 기회를 주는 거냐?"

"평소에 형님이 후배들 잘 챙겨주고, 저번에 높은 분이 시킨 일 빨리 처리해준 게 고마워서 그래요."

"얼마나 들어갈 수 있는데?"

"2천이요. 다른 사람한테는 절대 얘기하시면 안 돼요! 꼭이요."

마침 가지고 있던 주식을 팔고 투자처를 고민하던 차였으니 4개월이란 시간을 벌게 된 셈이었다(그때 판 주식은 삼성전자 우선주였다). 후배는 고위 임원 비서라는 후광을 지녔고 그 자리에 요구되는 덕목들, 예를 들면 서글서글한 외모, 신뢰감 있는 목소리, 센스와 눈치를 겸비한 행동 등등 상대에게 믿음을 주는 데 손색이 없었다. 게다가 비서로 발탁되기 전에는 IB$^{investment\ bank}$ 부문에서 기업자금 조달 실무를 담당한 친구였다. 의심이 확신으로 바뀌는 데는 10분도 채 소요되지 않았다.

4개월이 지나고 후배는 약속된 금리와 원금을 탈 없이 반환했다. 4개월 10%, 연 환산 30%의 수익이니 은행 금리가 6~7% 되던 당시에도 매우 성공적인 투자였다. 이후에도 가끔 후배에게 짭짤한 투자가 있으면 꼭 알려달라 당부했고, 비슷한 방식으로

돈의 거짓말

몇 번 더 성과를 거두었다. 수익률은 7%가 보통이었고, 3~6개월 안에 끝나는 단기적인 건이 대부분이었다. 그러던 어느 날, 후배는 기존과 다른 형태의 투자를 소개했다.

"형님, 이번에는 빌려주는 게 아니라 직접 지분 투자예요. 천안에 있는 중소기업인데 휴대폰 안테나 소재를 LG, 팬택 등에 독점 공급하는 알짜 업체거든요. 전환사채인데 전환가는 액면가 5천 원이에요. 내년 봄에 상장할 건데 3배 정도는 쉬울 것 같고 시장 상황만 받쳐주면 저는 4배까지 봐요. 들어오시려면 오늘 중으로 입금해야 해요. 사실 투자자가 다 세팅되어 있었는데 한 명이 갑자기 못 들어온다고 해서요. 내일까지 납입해야 신고서 제출할 수 있거든요. 형님이 현금 있다고 알고 있어서 급히 물어봅니다. 형님 안 들어오면 제가 마이너스통장 받아놓은 거라도 쓰려고요. 제가 IB 있을 때 눈여겨보고 가본 적도 있는데, 진짜 좋은 회사예요. 아, 그리고 이번에도 다른 사람한테는 절대 말씀하시면 안 돼요. 아셨죠?"

삼성전자 우선주를 팔아서 거둔 수익률이 10% 언저리라 성에 차지 않던 나는 기업공개IPO 대박의 행복회로를 돌리며 후배의 말이 채 끝나기도 전에 송금 버튼을 누를 준비를 하고 있었다. 해가 바뀌고 봄이 왔지만 몇 번이고 탈 없이 상환되던 후배의 달콤한 먹이는 돌아오지 않았다. 후배는 IPO 일정이 늦어지고 있다는 말만 거듭할 뿐, 예전과 같이 정감 있고 친절하게 선배를 대하지 않았다. 우연히 마주쳐도 급한 회의에 가야 한다고 자리를 피하거나 잠깐 마주하는 순간에도 딴청을 피우기만 했다.

모든 사실이 드러나는 데는 긴 시간이 걸리지 않았다. 후배는 한 번도 그런 좋은 투자를 한 적이 없었다. 투자한다는 대상과 방식은 꾸며낸 것일 뿐, 그저 약속한 기일이 지나면 다른 사람에게 비슷한 방식과 화법으로 돈을 빌려서 나한테 돌려줬다. 한마디로 나 같은 '바보'가 또 있었던 것뿐이었다. 높은 수익에 취했던 여러 바보와 나는 쌈짓돈을 서로서로 빌려주고 돌려받는 일을 반복한 셈이다.

단순히 중개만 했으면 총합은 변함이 없으니 문제가 없었을 것이다. 하지만 그 후배는 받은 돈을 다른 파생상품에 투자하거나 사치품을 사는 데 탕진했다. 한 바보에게 돌려줄 때가 되면 다른 바보에게 받아서 건네주는 방식이 영원히 가능하리라 본 것이다.

좁은 회사 내에서 이 사실은 금방 퍼져나갔다. 피해자로 불리는 바보들이 고구마 줄기처럼 우르르 나타났다. 당시 내가 다니던 회사는 증권업계의 사관학교라는 수식이 따라다닐 정도로 들어가기 무척 어려운 직장이었다. 재무분석과 리스크 관리에 일가견이 있던 숫자 천재들, 능력 있는 브로커와 인베스트먼트 뱅커 등 그야말로 똑똑한 증권맨이라고 불리는 이들 중 그 누구도 의심하지 않았다. 질문하지 않았다.

후배에게 사기를 당한 바보들 중에 나는 그나마 피해액이 소소했다. 심지어 나보다 몇 곱절이 넘는 경우도 있었다. 사기 전모가 밝혀진 후에도 혹시 나라도 돈을 돌려받을 수 있는지, 후배의 심기를 건드리지 않으면서 공손하게 전화를 걸던 비참한 기억이 새록새록 떠오른다.

이보다 앞서 당한 또 다른 폰지 방식의 사기는 당한 줄도 모르고 지나간 경우다. 이때는 졸지에 실업자로 전락할 뻔했다.

1997년 외환위기 당시 국내 서열 3위였던 대우그룹은 대규모 부실을 감추기 위해 회계장부를 조작하면서 이른바 '대우사태'가 발생했다. 외환위기로 대우그룹이 흔들리자 은행들이 기업회생 여부를 판단하기 위해 현장 실사를 했는데, 12개 계열사의 장부에만 기록되고 실제로는 찾을 수 없는 돈이 42조 9천억 원에 달했다. 금융감독원의 감리 결과 지적된 분식회계 금액은 ㈜대우 14조 6천억 원 등 12개 계열사 22조 9천억 원인 것으로 드러났다.

—『금융감독원 20년사』 중

지금 같은 증시 호황에 최고 증권사에 입사해 기뻐하고 있을 즈음, 대우그룹은 붕괴의 종착역을 향하고 있었다. 세계 경영을 모토로 무리하게 확장하다가 유동성 위기에 봉착한 것이다. 이때 내가 다니던 회사는 채권형 금융상품을 잔뜩 팔았는데 그 안에 편입된 자산은 국채와 같은 안전자산이 아닌 대우그룹 아래의 계열사들이 발행한 CP나 회사채가 상당했다. 유동성 위기를 벗어나기 위해 증권사 창구를 통해 금융상품을 조달해서 하루하루 위기를 모면했던 것이었다. 우리 회사의 자체 자금도 일명 '콜론'이라고 하는 하루짜리 대출을 해주었다. 매일매일 새롭게 실행되니 장기대출로 변질된 상태였다.

　　결국 대우그룹은 무너졌고 물레방아는 멈추어 버렸다. 콜론을 비롯해 직접 대출한 돈을 다 날렸고, 고객 돈도 상당한 손실을 피할 수 없었다. 당시 편입자산 목록을 보면 ㈜대우, 대우자동차 등등 대우라는 이름이 붙어 있었는데, 간혹 세계물산 같은 기업도 있었다. 그 기업을 통해 자금을 건질 수 있을 거라고 생각했지만, 이름만 다를 뿐 같은 계열사였다.

　　이후 그룹 내의 가장 건실한 계열사인 나의 일터도 심각한 재무 위기에 처했다. 당시 증권사들은 '닷컴 열풍'을 타고 엄청나게 돈을 벌어들였다. 1999년 삼성전자의 영업이익이 분기에 7천억 원 남짓이었는데, 우리 회사는 3천억 원을 벌었으니 불과 2배 차이에 불과했다. 하지만 연말 결산에서 대우그룹 관련 손실을 처리하고 나니 연초 1.2조 원이던 자기자본은 7,300억 원으로 쪼그라들어 있었다. 이때부터 견실한 1등 증권사에도 본격적인 위기가 닥쳤다. 산업은행이 대주주로 들어오지 않았으면 나는 다른 계열사들의 입사 동기와 마찬가지로 1년 만에 새로운 구직 활동에 뛰어들어야 했을 것이다.

∶ 내전으로 치닫게 한 전 국민 대상의 폰지 사기

알바니아 정부가 피라미드 금융 사기로 촉발돼 걷잡을 수 없이 확산된 반反정부 유혈 소요 진압을 위해 급기야 탱크까지 동원한 것으로 전해진 가운데 인접 그리스가 유사시에 대비해 8개 사단 병력을 접경으로 이동시켰음이 드러났다.

또 다른 접경국인 마케도니아도 난민이 몰려들 것에 대비해 접경의 군軍작전 태세를 강화하는 등 알바니아 사태가 새로운 국면에 접어들었다.

그리스 TV는 알바니아의 반정부 세력이 6척의 무장 함정을 탈취하고 해군 기지 한 곳도 장악했다고 보도했다. 국영 TV는 또 반정부 세력이 장악하고 있는 알바니아 남부 항구 도시 사란디에서

4일 포성과 자동소총음이 들렸다고 보도했다. 그러나 인명 피해 등에 관해서는 구체적으로 전하지 않았다. 알바니아 정부가 비상사태를 선포한 지 사흘째인 이날 소요 중심지를 비롯한 남부 지역에서는 수십 명의 사망설이 나도는 가운데 총기 난사와 약탈 및 공공건물 방화 등 무정부 상태가 더욱 심화되는 양상을 보였다.

—《연합뉴스》, 1997년 3월 5일

1990년대 알바니아의 상황이다. 국민의 절대다수가 폰지 사기에 휘말리면서 내전으로까지 치닫는 희대의 사건은 그리 오래된 과거가 아니다. 구소련의 영향권에 있던 알바니아는 냉전의 종식과 함께 시장 경제체제에 갑자기 노출되게 된다. 모든 자원 배분이 사회주의 방식으로 철저하게 통제되고, 특히나 독재자 엔베르 호자가 장기 집권하면서 쇄국적인 정책으로 일관하고 있던 알바니아는 시장 경제체제로의 이행이 그 어떤 동유럽권 국가들보다 혼란스러울 수밖에 없었다.

혼란을 틈타 전문가를 사칭하는 사기꾼과 마피아들이 관료들을 등에 업고 득세했는데, 금융기관을 빙자해 30%가 넘는 고수익을 제시하는 다단계 사기 업체가 난립하게 된다. 원래도 가난한 데다, 자본주의 경제로 이행하는 와중에 물가까지 급등하니 높은 수익은 좋은 미끼로 쓰였다.

돈의 거짓말

신설 은행에 예금하기 위해 살던 집을 팔고, 그 집에 세를 들어 살았던 방식은 요즘의 세일즈 앤 리스Sales&Lease와 마찬가지다. 금리가 월세보다 월등히 높으니 얼마나 달콤한 차익인가. 해외로 이주한 알바니아인들조차 본국으로 송금한 투자로 먹고살 수 있다는 환상에 빠져 현지에서 어렵게 구한 직장을 그만두는 경우도 있었다. 경제 관념이 전무하던 차에 처음에 제시한 높은 수익이 실제로 지급되니 의심할 겨를도 없었다. 1997년에는 전체 인구 330만 명 중 60%가 넘는 200만 명이 다단계 회사에 투자했다고 하니, 경제활동 인구를 고려하면 전체 인구라 봐도 무방할 정도다. 상상해 보라, 내 주위의 모든 친구와 동료, 가족들이 일은 안 하고 다단계 폰지에 뛰어든 장면을……

결과는 뻔하다. 폰지 사기는 두 가지 유형이 있다. 아무 투자도 하지 않고 받은 돈을 그대로 물레방아처럼 돌리는 형태이거나, 돈을 빼돌려 탕진(사치 혹은 파생상품과 같은 고위험 투자)해서 새로운 바보가 들어오지 않으면 바로 고사하는 형태다.

전자는 오래가고, 후자는 빨리 비극으로 치닫는다는 차이가 있을 뿐이다. 2008년 드러난 메이도프의 폰지 사기는 이미 1990년대부터 지속되었다고 하는데, 이렇게 오래 들키지 않은 이유는 메이도프가 고객의 돈으로 아무런 투자도 하지 않았기 때문이라고 실토한 바 있다.

알바니아의 경우 마피아와의 불법 거래가 연루되어 있으니 후자(해외로 빼돌리는)가 대부분이었을 것이고, 이는 더더욱 빠르게 몰락을 자초하게 됐다. 1997년 1월부터 다단계 회사들이 연쇄 도산을 하면서 모든 국민에게 '현타'가 오기 시작한다. 불과 2달 만에 소요와 봉기가 일어나고 3월에 이르자 정부를 전복하려는 시위대로 인해 내전은 정점에 치닫는다. 조기 총선으로 정권이 바뀌면서 소요는 진정되었지만, 피폐해진 삶은 회복되기 어려웠다.

: 일본 보험사의 공인된 폰지

이런 말도 안 되는 사례가 일부 타락한 악당의 범죄로 보이는가? 폰지인지 아닌지는 그 결말이 나쁜지 아닌지에 달려 있을 뿐이지 그 방식, 소위 아랫돌 빼서 윗돌 괴는 메커니즘은 공인된 형태로 항상 우리 주위에 존재한다.

누구나 가입하고, 어쩔 수 없이 가입하는 보험이 바로 그것이다. 보험 역시 많은 가입자로부터 보험료를 받아 만일의 사태 또는 예정된 미래(은퇴, 사망)를 대비하는 금융상품이다. 일본의 파산 보험사 사례를 보면 결말이 비극적이라 폰지라는 것이지 그 시작은 합법적인 금융상품과 다르지 않았다.

돈의 거짓말

일본 경제가 한창 버블로 진입하던 시점에 후발 보험사들은 공격적인 금리를 제공하면서 연금상품을 팔아댔다. 보험의 원리는 규모의 경제를 확보하면, 즉 많은 사람과 보험료를 확보하게 되면 안정적으로 돌아가면서 한계비용을 빠른 속도로 떨어뜨릴 수 있다.

연금상품의 경우 은퇴 이후부터 보험금(연금)이 지급되기 때문에 사실 그때까지는 보험사의 현금흐름이 플러스가 될 수밖에 없다. 초기에는 판매 수당 이외 나가는 돈이 없고, 들어오는 돈만 있다. 빨리 규모의 경제를 달성하려면 일단 많은 사람과 돈을 끌어들여야 하는데, 이를 달성하는 방법은 은퇴 후의 풍성한 삶의 모습과 함께 높은 금리를 제공하는 것뿐이다. 문제는 정상적인 자산운용으로는 보장한 연금 지급을 위한 적절한 재원을 마련할 수 없다는 점이다. 이때 만약 은퇴와 함께 연금 지급 시점이 도래한 계약이 있다면 동일한 연금상품의 재원에서 지급해 주게 된다. 먼저 가입한 사람은 전체가 모여 적립한 재원을 받을 수 있기 때문에 상관없지만, 나중에 은퇴 시점을 맞이하는 가입자는 지급받을 수 있을까? 충분한 수준을 마련하기 위해서는 높은 수익률을 예상하는 자산이나 주식에 투자할 수밖에 없다.

한편 높은 수익은 차익거래를 유발하기도 했다. 은행에서 이 보험금을 담보로 대출을 해주었다. 대출 금리가 연금의 수익률보다 낮으니 가입자로서는 남는 장사이고, 은행 역시 마치 현금을 담보로 대출을 해주는 것과 마찬가지라 걱정할 게 없는, 누이 좋고 매부 좋은 구조였다.

그러나 1989년 일본은행에서 부동산 및 모든 자산에 퍼진 투기 거품을 잡기 위해 금리를 올리면서 모든 재앙이 벌어졌다. 새로운 불쏘시개가 없으니 자산 가격은 내려가고 보험사의 재무제표는 부실해졌으며 보험금의 재원은 급속도로 고갈되기 시작했다.

그다음 방법은 무엇일까? 안정적인 자산운용을 철칙으로 삼는 보험사가 마지막 도박으로 파생상품에 손을 대게 된다. 그 성과를 지속할 수 없고, 환차손까지 더해 부실은 가중된다. 그리고 이때부터 회계장부를 조작하기 시작한다. 결산하면서 이미 큰 폭의 손실이 난 자산의 상태를 드러내지 않기 위해 만기 시점을 결산 이후로 조작하거나, 또는 반대 포지션을 취해서 손실을 상쇄하고, 수반되는 비용은 결산 이후에 반영하는 식으로 눈가림하는 것이다. 한 사람을 오래 속이거나 여러 사람을 한 번에 속일 수는 없는 법이다. 망한 보험사가 속출했고, 가입자의 손실과 세금으로 비용을 메꾸게 됐다.

앞서 내가 당한 귀여운 폰지 사기와 다른 점이 있는가? 이러한 상황은 파산한 일본 보험사들에만 해당되지 않는다. 한국의 보험사들도 비슷한 문제에 처해 있다. 시중 금리는 제로에 수렴하는데 이들이 외환위기 직후 판매한 종신보험, 연금보험의 금리는 10%에 이른다. 사회 초년병 시절 보험사에 다니던 친구가 강매한 종신보험은 내게 최고의 투자상품으로 거듭났다.

방 안의 코끼리와 같다. 보험사도 알고, 나 같은 외부 평가자(애널리스트)도 알고, 감독 당국도 알고, 기자들도 안다. 하지만 누구도 내일 당장 닥칠 문제가 아니므로 조용히 대응할 뿐이다. 폰지로 전락하지 않는 이유는 감시의 눈이 많고 엄격해서다.

자, 마지막에 모든 상황이 들통났을 때 폰지의 설계자는 어떻게 대처하는가? 돈을 빼돌리고 해외로 도망가서 의학의 도움을 받아 정체를 감출 수 있을 것이다. 만약 피해 규모가 작다면 자신의 고유 재산을 처분하던가, 부모의 힘을 빌려 피해를 줄이고 선처를 호소하려 할 것이다.

보험사라면? 주식회사의 형태이기 때문에 최종 책임은 결국 주주가 지게 된다. 거기까지 가지 않도록 금융감독 기관은 지급해야 하는 의무와 수반되는 위험을 다양하게 측정해서 보험사의 주주에게 충분한 자본력을 유지하도록 요구한다. 아니 명령한다.

이렇게 제도화된 감시체계가 있으니 상관없다고? 폰지의 위험은 제도권과 비제도권, 온라인과 오프라인을 가리지 않고 숨어 있다. 사무실의 후배는 요새 벤처 캐피털 산업은 신기술에 선제적으로 투자하는 게 아니라, '돌려 올리기' 게임을 하는 것 같다고 표현했다. 적자가 심해지는 기업에 무작정 시리즈 A~Z까지의 가치를 순차적으로 높여 올려주면서 경쟁적으로 투자하는 게 일반화되었다는 뜻이다. 무제한 20%라는 파격적인 할인을 미끼로 고객에게 여러 쇼핑몰이나 소매점에서 쓸 수 있는 선불권을 판매한 플랫폼의 지속 가능성은 애초부터 의문스러웠다. 잘되면 잘될수록 적자가 커지는 아이러니한 모델이다. 다만 뒤에 들어오는 회원 수에 따라 임계점에 다다르는 속도가 늦춰질 뿐이다. 선불권 플랫폼도 벤처 캐피털 투자의 돌려 올리기 열차에 올라탔다면 상장에 성공했을지 누가 알겠나.

문제는 일상화된 돌려막기의 위험 구조를 간파하는 힘이다. 내가 후배에게 당한 사적인 방식의 유혹이든, 공인된 보험상품이든, 선불 할인권이든 위험은 언제나 변형된 모습으로 다가올 수 있다는 점을 명심해야 한다. 폰지는 너무나 만연해 있고, 그 모습이 교묘하고 친근하게 감춰져 있다. 운이 좋아 폰지의 가운데나 앞 단이었을 뿐 이미 당신 곁을 지나갔을 수도 있다.

애니메이션 「신세기 에반게리온」은 인류를 멸망시키려 찾아오는 일명 사도를 막아내기 위해 에반게리온이라는 전투 로봇을 타고 싸우는 소년 신지의 성장 드라마다. 사도는 주로 괴물 같은 모습과 능력을 지니고 있는데, 번번이 신지와 친구들에 격퇴되고 만다. 하지만 마지막 17번째 사도는 그저 인간의 모습이다. 그는 신지를 처음 만났을 때 베토벤의 교향곡을 흥얼거리고, 정서적으로 서로 교감하면서 친구가 된다. 평범한 친구, 소년의 모습으로……

02 담보의 배신

손안의 새 한 마리가 덤불 속의 두 마리보다 값지다.

A bird in the hand is worth two in the bush.

— 서양 속담

⦂ 면화 담보 채권의 허상

미국의 남북전쟁(1861~1865)은 로마 시대 이후 가장 강력한 단일 패권국가의 등장을 알리는 역사적인 사건이었다. 전쟁은 엎치락뒤치락했다. 북군은 우월한 경제력과 산업 시설을 가지고 있었고 인구도 4배 가까이 많았다. 남부의 국가연합 11개 주의 인구는 545만 명(당연히 흑인을 제외하고), 북부 연방 19개 주의 인구는 1,895만 명이었다. 이 당시는 말 타고 다니는 기병대와 더 빠른 말을 타고 다니는 인디언의 싸움이 아닌 요새를 함락하기 위한 대규모 전투가 벌어지던 시기였으니 산업 생산력이 중요해지던 시점이었다. 남군은 노예 노동에 기초한 착취적인 농업 중심 산업 기반을 잃지 않기 위해 악착같이 싸울 수밖에 없었다.

생존권을 걸고 하는 전쟁이니만큼 치열할 수밖에 없고 예나 지금이나 당연히 막대한 전비가 수반된다. 이를 감당하기 위해 세금을 걷어야 하는데, 남부 동맹은 조세 징수 시스템도 그리 발달하지 않아 장애가 많았다. 자영농 중심의 소규모 마을이 띄엄띄엄 산재해 있어 조세 징수에 한계가 있었다. 타란티노 감독의 영화 「장고, 분노의 추적자」를 보면 주인공인 현상금 사냥꾼들이 광활한 면화 밭을 사이에 두고 멀리 떨어진 농장들에 숨어 있는 수배자들을 찾아 나서는데, 그야말로 '산 넘고 물 건너' 식이다.

남부 동맹은 전비 마련을 위해 그 유명한 국제적 금융 재벌 로스차일드에 도움을 청하기도 했다는데, 산업 생산력이 열등한 남부 동맹에 대한 신뢰는 애초부터 높지 않았다. 통상 전쟁이 일어나면 애국심에 호소하거나 높은 금리를 제시하면서 전쟁채권을 발행한다. 전쟁이 끝나면 전쟁 배상금을 뜯어내거나, 상대방 영토를 차지해서 생기는 이권과 거기서 거둬들이는 세금으로 상환하려는 속셈이다.

전쟁 초기 전황은 남군이 일방적 승리를 거두면서 예상을 크게 빗나갔다. 하지만 2년 후 북군이 빅스버그를 함락시키면서 남북 전쟁은 중요한 전환점을 맞이한다. 북군이 미시시피를 확고하게 장악하는 계기가 되었기 때문이다. 하지만 이보다 더 뼈아픈 사건은 1년 전 빅스버그에서 320킬로미터 떨어진 뉴올리언스를 빼앗긴 것이다.

전비를 감당하는 고민을 두고 남군이 믿는 구석이 있었으니 그것은 주력 생산품인 면화의 가치였다. 남군은 신종 면화보증채권 Cottom backed Bond을 발행하는데, 발행 금리는 7%로 20년 만기였다. 이 채권은 면화 1파운드당 전쟁 전 가격 6펜스와 맞바꿀 수 있는 권리를 지닌다. 일종의 전환사채의 성격을 띠고 있는데, 7% 이자를 받거나 면화 가격이 올라가면 상응하는 채권 가격의 상승을 누릴 수 있던 셈이다.

면화보증채권은 프랑스의 에밀 에를랑제Emile Erlanger 은행이 유럽에 팔았는데, 그 유명한 게티즈버그 전투와 빅스버그 전투에서 패한 상황에서도 면화의 가격은 2배 오르는 기현상을 보였다. 면화에 대한 전시 수요가 늘어나는 가운데 유럽에서는 산업화의 영향으로 지속적으로 면화가 필요했다. 남군이 전투에서 밀리면 면화 공급은 줄어들고 면화 가격이 오르는 상황이 반복되었다.

이러한 상황에서 남부 동맹은 영국을 전쟁에 끌어들여 전세를 역전시키려는 속셈으로 면화 수출 금지령을 내리게 된다. 이 조

돈의 거짓말

▲ 1851년 뉴올리언스 전경. 남부 곳곳에서 생산된 면화는 미시시피강을 따라 뉴올리언스 항구에 모인 후 좁은 해협을 통과해 영국 등으로 수출되었다.

치로 인해 미국 남부에서 전체 면화의 80%를 수입하던 영국에서는 면화 가격이 4배 이상 폭등하게 된다. 당연히 방직산업이 중심이던 랭커셔 등 잉글랜드 북부 경제가 초토화되는 것은 자명했다. 실업이 속출했고 기아와 폭동으로 이어지게 되었다.

우리에게 재즈의 고향이자 잊을 만하면 거대 허리케인이 휩쓸고 가는 동네로 알려진 뉴올리언스를 지키는 데 남부 동맹이 실패하면서 채권 투자자에게 비극이 시작된다. 에를랑제 채권의 담보, 즉 면화 실물을 확보하기 어려워졌기 때문이다. 뉴올리언스는 미시시피강과 멕시코만을 끼고 있는 항구 도시로 과거에도 영국 해군이 미국의 남부 해역을 장악하기 위한 거점이자 전략적

요충지였다. 남부 여러 지역에서 재배된 목화는 미시시피강을 따라 남쪽으로 운반되어 뉴올리언스 항구로 모이고 다시 큰 배로 옮겨져 대서양을 건너게 된다. 미국 전체 면화 수출의 절반을 담당하던 뉴올리언스를 비롯해 주요 수출항이 북군에 장악되면서 남군은 채권의 담보물인 면화를 확보하기 어려워졌다. 뉴올리언스는 매우 좁은 협곡을 사이에 두고 항구가 있는 걸 볼 수 있는데, 이 사이를 뚫고 들락날락하면서 담보물인 면화를 가져오는 것은 불가능에 가깝다. 특히 북군은 산업 시설에 기반한 압도적인 해군력을 가지고 있었다.

돈을 안 갚은 채권자 집에 담보라도 회수하기 위해 차압 딱지를 붙이러 간다고 치자. 현관 입구에서부터 인디애나 존스처럼 독화살을 피하고, 바닥이 꺼지는 부비트랩을 지나, 30미터가 넘는 협곡을 뛰어넘어야 하는 짜릿한 시도를 해야 한다면 어떻게 하겠는가?

게다가 '호구지책'이라고 했던가. 영국이 브라질, 이집트, 식민지 인도에서 새로운 면화 공급처를 찾아내며 치솟던 면화 가격이 하락하게 된다. 일본의 수출 규제로 인해 한국의 첨단 중간재 생산이 차질을 빚을 것이라는 예상이 보기 좋게 빗나간 것과 마찬가지다.

남부 동맹의 채권을 사들인 투자자들은 담보물을 확보하지 못

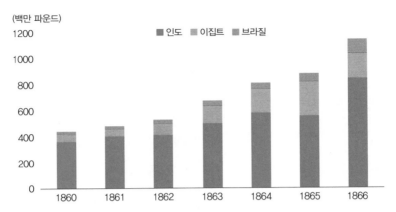

(백만 파운드)

■인도 ■이집트 ■브라질

▲ 영국은 미국 남북전쟁으로 인한 미국 면화의 수급 불안정을 해소하기 위해 수입처 다변화를 꾀했고, 그 결과 인도, 브라질, 이집트의 면화 수출이 폭발적으로 증가했다.

한 상황에서 승리한 북부가 남부 동맹의 채권을 승계하지 않겠다고 하자 모든 투자금을 잃게 되었다. 진정한 승자는 채권을 중개한 에를랑제 은행이었다. 발행 금액의 수수료 5%를 이미 챙겼기 때문이다. 담보가 담보로써 의미를 지니려면 내 손아귀에 들어올 수 있느냐가 중요하다.

: 청나라 채권은 누가 갚아주나

잊을 만하면 등장하는 국제 뉴스거리 중 하나는 '청나라 채권'

청구권에 대한 움직임이다. 미중 갈등이 심화하면서 미국 공화당의 일부 의원들은 청나라 말기 발행한 채권 보유자들에게 110년 동안 지연된 이자와 원금을 갚으라는 요구를 담은 법안을 마련한다고 했다. 1911년 5%의 금리로 발행한 철도건설채권(후베이와 광둥성을 연결하는 철도 건설 재원 조달을 위한 채권)인데, 현재 가치로 따지

▲ 지금도 아마존에서 팔리고 있는 100파운드 청나라 철도건설채권. 망해가던 청나라는 군대를 신속하게 투입해 내부 반란을 제압하거나, 서구 열강이 베이징으로 진군할 경우 철도를 끊어 발을 묶어놓기 위해 철도 부설에 열을 올렸다.

돈의 거짓말

면 1조 6,000억 달러에 달한다. 채권증서에는 증기기관차 그림과 함께, 'Imperial Chinese Government'가 선명하게 인쇄되어 있다. 중국이 보유하고 있는 1조 원이 넘는 미국 국채의 규모를 감안할 때, 속된 말로 퉁쳐도 되는 규모다.

당시 중국은 철도 부설을 통해 경제적 목적뿐 아니라, 각지를 신속히 진압하기 위한 병력을 보내거나, 서구 열강이 베이징으로 진입할 때 철로를 끊어 손쉽게 막을 수 있다는 등의 여러 이유로 철도 건설에 부심할 때였다.

내가 주목한 것은 '1911'이라는 숫자다. 나의 뇌리에 남아 있는 1911년은 중국에서 신해혁명이 일어난 해다. 중국을 비롯한 아시아의 여러 나라가 외적으로는 서양 열강과 일본의 제국주의적 침탈에 본격적으로 고통받던 시점이고, 내적으로는 봉건적 지배체제에서 벗어나 근대적인 정치 제도 및 산업화의 초입에 있던 시기다. 한마디로 이전 왕조 국가들이 줄줄이 사라지기 일보 직전의 시점이라는 의미다. 중국 역사 연표를 보면 명나라 건국 전후 주원장이 아들에게 왕위를 넘겨주기 위해 3만 명이 넘는 사람을 역모로 엮어 처형한 시점 이후에 가장 촘촘하게 사건 사고가 잦았던 시기다.

갖은 악행을 저지르며 그냥 둬도 무너질 청나라를 더 빠르게 무너뜨린 서태후가 죽은 해가 1908년, 그 전날 광서제가 죽으면서 3살짜리 꼬마 푸이(아기 곰 푸가 아님)가 청의 마지막 황제에 올랐다. 1911년 쓰촨 폭동과 우창 봉기가 일어나고, 이를 기점으로 쑨원을 임시 대총통으로 하는 난징정부가 수립되어 드디어 신해혁명이 매듭지어진다. 하지만 다시 혁명의 진압 과정에서 위안스카이가 1개월 만에 실권을 장악하는 등 숨 가쁜 국면이 이어졌다.

이토록 어지럽게 대제국의 모든 정치 체계가 바뀌는 과정에 발행한 국채, 그것도 자국이 아닌 미국에서 팔렸다는 게 놀랍기 그지없다. 이후 중국의 근대사는 더 바쁘게 전개되었는데, 1949년 현재의 중화인민공화국이 설립되면서 마무리된다. 구시대의 봉건체제를 타파하고 일본 제국주의와 싸운 새로운 중국이 청나라의 채무를 인수할 리 만무했다. 대만은 일찌감치 상환과 무관하다고 선을 그었지만, 이 채권은 여러 투자자의 순진한 기대에 기대어 여전히 돌아다닌다. 아마존에도 버젓이 올라와 있다.

뒤에서 자세히 설명하겠지만 국채의 상환 능력은 바로 세금을 걷을 수 있는 국가의 힘에서 나온다. 우리가 국채의 금리를 '무위험 수익률'이라고 표현하는 것은 모든 경제 주체에서 발생하는 소득과 거래에 강제 혹은 독점으로 세금을 받을 수 있는 무시무시한 권능이라는 뜻이다. 즉 위험이 없다는 것을 강조한다. 게다가 정교하고, 때로는 난폭한 세금 징수 시스템과 경찰보다 무섭다는 국세청의 감시 능력이 떠받치고 있다.

청 왕조 입장에서는 일단 돈이 급하니 발행한다 치고, 즉위식에서 울음을 터뜨렸다는 3살짜리 아이가 황제가 되는 등 누구나 짐작할 만한 나라의 몰락 징후들도 무시하고, 이 국채를 통해 태평양 너머에 있는 스미스 아저씨와 에이미 아줌마를 요즘 말로 '글로벌 호구'로 만드는 과정은 금융기관이 없었다면 불가능했을 것이다. 지금으로 치면 조세 징수 시스템은 차치하고 잦은 쿠데타로 혼란과 무질서가 판치는 서아프리카 어디쯤 있는 나라의 채권을 판 셈이니, 예나 지금이나 국내 해외 할 것 없이 불완전판매의 습성은 여전한 것 같다.

: 죽음을 담보로 투자하라!

사람 목숨을 담보로 설계된 금융상품이 있다면 믿겠는가? 어느 날 알고 지내던 변호사가 도움을 청했다. TP^{Traded Life Policies} 펀드에 대한 소송을 진행 중인데, 이 상품의 구조와 시장에 대해 설명해 줄 수 있냐는 것이었다.

사람이 살다 보면 여러 위기와 경제적인 문제에 맞닥뜨리게 된다. 이런 날을 대비해 투자를 하고 보험에 가입도 하지만, 아이러니하게도 보험을 해지해야 하는 경우도 생기기 마련이다. 1997년 외환위기 당시 먹고살기 어려워진 상황에서 우리 부모님이 가장 먼저 달려간 곳은 보험사(해약, 약관대출 등을 위해)다. 2018년 생명보험협회에서 조사한 보험 계약 해지의 이유는 보험료 납입 부담(35.6%), 보험 기간의 장기(32.6%), 목돈 마련(25.9%) 순이었다. 사실 세 가지 다 같은 의미다.

TP 펀드는 주로 사망채권life settlement-backed security에 투자하고, 나머지는 일반적인 국채를 담는 구조다. 사망채권은 미국과 영국 등에서 발달한 상품인데, 한마디로 이런저런 사정으로 목돈을 마련하고 싶은 가입자의 '보험 깡'에서 출발한다고 보면 이해하기 쉽다.

본격적으로 시장이 형성된 것은 1980년대 에이즈AIDS 유행 초기다. 에이즈 환자 대부분이 기대 여명이 짧고 부양가족이 없기 때문에, 가입한 생명보험을 팔아 의료비를 충당하려는 수요가 갑자기 늘었다.

가족, 친구, 투자 등 모든 세상살이는 불확실성의 연속이다. 유일하게 확실한 것은 누구나 죽는다는 것이다. 언제, 어떻게 죽을지 모르지만, 수백만 수천만 명을 모아놓아도 대략 남자는 XX세,

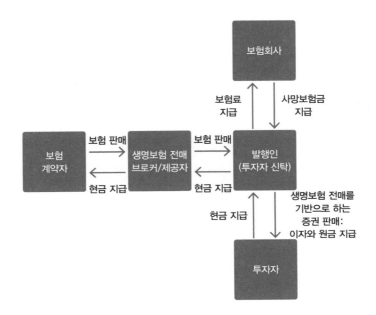

▲ 사망채권의 흐름

여자는 XX세가 수명이라는 것은 뻔한 사실이다. 그리고 이 뻔한 사실이 보험상품의 기초다.

　현금이 필요한 보험 계약자는 브로커에게 자기 보험을 팔고, 브로커는 다시 투자은행 등에 넘기고, 이를 여러 개 모아서 일반 투자자(연기금, 헤지펀드 등)에게 되파는 구조다. 변하지 않는 기초(죽음)를 토대로 설계됐지만 안정적이면서도 복잡한 구조를 가진 상품이고, 금융의 선진국에서 가져왔으니 한국에서 팔아먹기 쉬었던 듯하다.

이 펀드의 투자자는 안정적인 금융상품에 투자해 달라고 요청했는데, 모 운용사에서는 '정기예금처럼 안정적'이라며 이 상품을 추천했다고 한다. 하지만 이 상품은 얼마 지나지 않아 큰 손실을 안겼고 결국 소송으로 비화한 것이다. 이미 영국의 금융감독청은 1년 전에 심각한 경고를 날린 상태다. 아래는 경고문 원문 중 일부다.

Finalised guidance: Traded Life Policy Investments (TLPIs) - April 2012, Financial Services Authority

1. We strongly recommend that Traded Life Policy Investments (TLPIs) should not reach the vast majority of retail clients. This is not the first time we have warned the industry about these products.

4. Our work has found significant problems with the way in which many TLPIs are designed, marketed, and sold to UK retail clients. These products are complex and high risk, and are unsuitable for the vast majority of retail clients.

6. Where advisers do not understand products, they should not recommend them: we have seen numerous

cases of advisers recommending TLPIs without properly understanding how these products work and what risks are involved.

정리하면 "일반 소매 고객에게 팔지 마라. 한두 번 얘기한 게 아니다. 상품 설계에 중대한 문제가 있을뿐더러 복잡하고 위험이 크다. 잘 알지도 못하면서 판매하는 경우가 셀 수 없이 많다"는 이야기다.

이 상품의 가장 큰 위험성은 두 가지다. 하나는 예상보다 오래 사는 것, 다른 하나는 현금화하지 못하는 것이다. 종신보험을 기초로 만든 사망채권이라면 설계된 예상 수명보다 일찍 죽게 될 때 큰 이익이 된다. 물론 보험사에는 손실이다. 극단적으로 어제 보험금 3억 원의 종신보험을 들고 1회 납입했는데, 오늘 출근길에 스마트폰 삼매경에 빠져 맨홀에 떨어져 죽으면 보험사는 큰 손해를 본다. 반대로 사망채권을 산 투자자 입장에서는 대신 보험료를 납부해 주는 상황이다. 즉 기존 가입자들이 너무 오래 살게 되면 보험금의 회수 시점이 늦어지니 손해가 된다.

물질적 풍요의 진전, 의료기술의 발달, 여러 사회경제적 위험을 억제하는 제도와 규율의 고도화 등으로 우리의 수명은 늘어나고 있다. 문제는 워낙 긴 기간에 걸쳐 현금흐름이 노출된 상품이므로 약간의 오차에도 전체 가치의 변화가 매우 크다는 점이다.

한편 이러한 오차로 인한 사망채권의 가치 하락이 클 것을 예상하고 "돔황차!(도망쳐)"를 외쳐도 이를 받아주는 시장이 없다면? 이것이 현금화 못 하는 유동성 리스크인데, 큰 폭의 바겐 세일을 해야 빠져나올 수 있다. 이 역시 큰 손해로 돌아온다.

영국 금융청에서도 이 두 가지를 핵심 리스크로 삼아 미리 경고했는데도, 한국 시장에서 버젓이 팔린 것을 보면 헛웃음만 날 뿐이다.

⁝ 금융기관도 당하는 담보의 배신

내가 목격한 담보의 배신 사례는 이뿐만이 아니다. 실소를 자아내는 역사책 속의 이야기가 아니라 믿을 만한 채권으로 또는 금융상품으로 지금도 당신의 투자 리스트 제일 위에 자리 잡고 있을 수도 있다.

보통 애널리스트들은 분석 대상 기업들의 일회성 요인One-off이라는 항목을 꼼꼼하게 기록해 놓는다. 말 그대로 어쩌다 재수없게 한 번씩 터지는 사건으로 인한 손실이니 회사의 본질적인 수익 창출 능력에서 제외하려는 필요에 의한 것이다. 가끔씩 이 파일을 뒤져보면 과연 금융회사들이 당한 사기가 맞을까 싶을 정도로 어이없거나, 담보와 같은 안전장치가 미흡한 경우가 대부분이다. 또한 반복적이라서 일회성이라 위로하기도 어렵고 당하는 놈이 자주 당하는 경향이 있다. 실수가 이어지면 그건 그냥 실력이다.

프랑스 해변의 노는 땅을 럭셔리 호텔로 개발해 막대한 차익을 거둘 수 있다는 꾐에 넘어간 어느 증권사가 해당 부지가 학교나 공원으로만 용도 변경이 가능하다고 알게 된 것은 2008년 금융위기가 지나서였다. 바로 옆에 이름만 대면 알 만한 유명 호텔이 번듯이 들어서 있는 땅이니 좋은 담보력이 있긴 하지만, 알을 못 낳는 거위가 무슨 가치가 있겠는가. 2천억 원에 이르는 PF 자금을 고스란히 날렸는데 여전히 미련이 남았던 건지 면피하려는 속셈이었는지 모르겠지만, 최종 손실 처리하는 데까지 수년이 걸렸다.

'고기 담보 대출'은 어떤가? 육류 유통업자가 냉동 수입 고기를 창고업자에게 맡기면 창고업자가 담보 확인증을 발급하고 유통업자는 이를 토대로 대출을 받는다. 땅처럼 확실한 담보는 아니지만, 8%에 이르는 높은 수익률과 더불어 수입 고기 회전율이 높아서 대출 기간도 3개월에 불과하니 크게 염려하지 않았던 듯하다.

하지만 이 대출로 인해 어떤 보험사는 4천억 원 가까운 손실이 났다. 저축은행, 캐피털사들도 줄줄이 걸려들었다. 문제가 터지고 보니 중복 담보뿐 아니라, 냉동창고에 있어야 할 고기의 총량이 다른 경우도 많았다고 한다. 그 큰 창고 안을 일일이 헤아리다 보면 대출 기간이 다 끝나버릴 테니, 소인지 토끼인지 담보 확인이 제대로 될 턱이 있나.

시베리아보다 추웠던 직전 해 겨울과 달리 눈 한 번 안 오는 따뜻한 겨울이 오자, 전기장판, 패딩 점퍼를 담보로 하는 대출의 연체율은 순식간에 40%를 넘어버렸다. 이 업체는 주로 중소기업을 대상으로 한 동산 담보 대출을 취급한다. 대출 구조는 홈쇼핑이나 오픈마켓 판매자에게 납품하는 영세 중소기업의 재고 물품이나 매출채권(외상값 받을 권리) 등을 담보로 잡고 투자자에게 돈을 모아 빌려주는 식이다. 악의적인 의도나 대단한 문제가 생긴 것이 아니라 그저 날이 따뜻했을 뿐이다. 그래도 양심적인 증권사가 독박 쓰고 투자자 돈을 물어주면서 끝났지만, 결국은 증권사 주주에게 조용히 전가된 것이나 다름없다.

이탈리아 건강보험금을 담보로 한 채권의 문제는 얼마 전 일이다. 이탈리아 현지의 병원들이 지방 정부에 청구할 진료비 매출채권을 토대로 금융상품을 만들었는데, 청구 대상이 될 수 없는 성격의 치료비도 기초자산에 포함되어 있었던 것이다. 우리로 치면 건강보험공단에서는 받아줄 수 없는 치료비, 즉 실손보험에서나 받아줄 만한 미용 시술, 근골격계 치료 등의 치료비도 섞여 있던 셈이다.

지중해 연안의 풍부한 태양광이 가져다주는 전력생산량을 담보로 발행한 채권의 부도, 낙타만 가끔씩 오고 가는 대륙 깊숙한 내몽고 고속도로의 통행량이 줄어 투자한 채권을 전액 날린 이야기 등등 사례는 이루 셀 수 없을 정도다.

작심하고 사기 치는 악당들도 많지만 똑똑한 척하는 금융기관과 그 대리인들이 얼마나 바보 같은지 보여주는 사례들이다. 무릇 금융상품의 구조는 단순하고, 담보는 뚜렷해야 하며, 언제나 실행 가능해야 한다. 친구의 회사는 거래처에 자신들 회사 계좌에 현금을 넣어두라고 한다. 아무리 신용이 높아도, 나스닥 상장기업이라 해도 예외가 없다. 받아들이지 않으면 거래를 안 해도 좋다는 게 원칙이란다.

문제가 있는 상품이라면 본질을 흐리기 위한 미사여구가 많다. 복잡한 상품은 이해관계자가 많이 끼어 있어 한 단계 거칠 때마다 수수료와 비용이 발생할 수밖에 없다. 그런데도 높은 수익률을 제시한다는 것은 앞뒤가 맞지 않다. 담보까지 확실하다면, 더더욱 의심해야 한다.

03 칼라 먹기: 수수료의 함정

너의 큰 이익은 나의 기회다.

Your Fat Margin is my Opportunity.

— 제프 베이조스Jeff Bezos

⦙ 엘리스섬의 승무원들은 얼마를 받았을까?

영화 「대부 2」의 시작은 시실리아섬에서 도망친 꼬마 비토 코를레오네가 자유의 땅 미국으로 향하는 장면으로 시작된다. 지중해와 대서양의 먼 바닷길을 지나 마주하는 자유의 여신상이 주는 안도감은 찰나에 불과하다. 유럽의 모든 이민자는 여신상 바로 옆 엘리스섬의 이민국 건물에서 입국 절차와 건강검진 등을 거치게 된다. 깡마른 비토 역시 건강 상태가 안 좋았던지 독방에 격

리되어 불안한 이민 생활의 첫날을 맞이한다. 나도 뉴욕 출장 중
짬을 내어 들른 적이 있었는데, 지칠 대로 지친 이민자들이 느꼈
을 고독감, 막연한 미래에 대한 두려움 등이 그대로 전해오는 듯
했다.

이민자들이 이 과정을 거쳤다면 현재 관광객을 실어 나르는 페
리를 타고 뉴욕을 상징하는 브루클린 다리 아래 선착장으로 향
한다. 드디어 기회의 땅에 발을 디디는 순간이다. 하지만 그 짧은
구간에서도 물정 모르고 영어에 서툰 이민자들을 먹이로 삼는 사
기꾼이 도사리고 있다.

"저 너머에 보이는 뉴욕의 랜드마크 브루클린 다리를 팔려고
하는데, 투자를 해보시지 않겠습니까?"

조지 파커George C. Parker라는 스무 살을 갓 넘은 젊은 사기꾼은
승무원을 매수해서 현금을 많이 가진 듯 보이는 이민자를 물색하
도록 했다. 어리숙한 것인지 욕심이 앞서는 것인지, 그의 제안에
낚인 이민자들은 브루클린 다리 아래 파커의 가짜 사무실로 인도
되었다. 어떤 때는 5천 달러, 어떤 때는 75달러라는 말도 안 되는
가격에 다리를 팔아먹었는데, 많든 적든 이민자들에게는 전 재산
이었을 것이다. '기회의 땅'에 도착하자마자 생긴 재앙이었다.

▲ 부루클린 다리를 팔아먹은 조지 파커와 그가 종신형을 받았다는 신문 기사, 《NYT》, 1928년 11월 23일

파커는 브루클린 다리만 팔아먹은 게 아니었다. 이후에도 자유의 여신상, 메트로폴리탄 미술관, 율리시스 그랜트Ulysses Grant 전 대통령의 무덤까지도 사기의 대상으로 삼았다. 역시 모든 사기꾼은 연쇄 사기꾼이다.

나는 궁금해졌다. 어리숙한 이민자를 악당에게 인도한 페리의 나쁜 거간꾼은 얼마나 받아먹었을까. 적어도 5% 수수료는 받지 않았을까? 남군의 면화보증채권을 중개한 프랑스의 은행도 5%는 먹었으니 말이다.

돈의 거짓말

: 골드만삭스가 배탈 난 사연

　골드만삭스가 1MDB(말레이시아개발유한회사) 스캔들과 관련해 29억 달러의 합의금을 내기로 미국 정부와 합의했다. 이날 이사회에서 이 사건과 관련된 전현직 임원에게 주어졌던 보상금 1억 7,400만 달러를 회수하기로 결정했다. 골드만삭스는 이날 성명에서 "이사회는 1MDB 사건을 골드만삭스에 대한 높은 기대에 부합하지 않는 제도적 실패로 본다"고 실패를 인정했다.

　이날 재판에서 연방 뉴욕동부지검은 "골드만삭스는 대규모 국제 부패 스캔들에 가담해서 각국의 고위 정부 관리들에게 16억 달러 이상의 뇌물을 제공했다"며 "이를 통해 이 회사는 수수료로 수억 달러를 챙겨서 말레이시아 국민의 이익을 해쳤고, 해외에서 활동하는 미국 금융회사들의 명성도 해쳤다"고 주장했다. 골드만삭스 변호인은 "골드만삭스를 위한 사업을 따내고 유지하려고 외국 관리들에게 뇌물을 약속하고 제공하는 부패를 저질렀다"고 유죄를 시인했다.

　합의금 29억 달러에는 골드만삭스가 이 부패사건으로 얻어 말레이시아 정부에 돌려주는 6억 달러 이익과 미국, 영국, 홍콩, 싱가포르 등 외국 정부에 내는 23억 달러가 포함됐다.

— 2020년 10월 23일 어느 일간지 뉴스

골드만삭스가 누구인가? 전 세계 자본시장의 최고 플레이어라는 상투적인 수식을 넘어, 미국 재무부 및 FRB(연방준비제도이사회) 등 경제정책을 좌우하는 집단과 회전문 하나를 사이에 두고 공직과 시장을 들락날락하면서 거버먼트 삭스Government Sachs라고 불릴 정도로 큰 영향력을 가진 집단이다. 2008년 금융위기 당시에도 다른 IB들이 간판을 내릴 때, 막대하게 쌓아놓은 데이터를 기반으로 '숏Short' 포지션을 취해서 큰돈을 번 전설적인 금융 회사이자, 전 직원의 3분의 1이 기술 인력으로 구성된 그야말로 데이터와 리스크 관리의 달인 아니던가.

하지만 상대가 누구라도 미국은 시장 질서를 위배하는 반칙은 절대 용서하지 않는다. 독점으로 시장 경쟁을 저해하면 어떠한 기업이라 해도 두부 자르듯 해체하고, 주가 조작 같은 일로 피해자가 생기면 천문학적인 벌금과 수백 년의 징역형이 가차 없이 떨어진다. 특히 해외에서 뇌물을 제공하다 걸리면 해외부패방지법FCPA이라는 법을 적용해서 막대한 벌금을 부과한다.

골드만삭스가 미국 정부에 난타당한 사연은 말레이시아에서 출발한다. 2009년 글로벌 금융위기의 여파가 가시지 않던 시점, 당시 말레이시아의 총리 나집은 사회기반시설 건설 등을 위한 자금 마련을 위해 1MDB를 설립했다. 우리로 치면 산업은행을 만들고 채권을 발행해 인프라 개발에 사용하겠다는 계획을 마련한 셈이다.

말레이시아는 동남아에서 자체 개발한 자동차도 만드는 유일한 나라(비록 내수용이긴 하지만)이고, 우리나라보다 규모도 크고 글로벌 경쟁력을 지닌 은행들도 많은 금융시장이 발달한 나라다. 게다가 주석이나 원자재 등이 풍부한 곳이다. 1MDB가 발행한 채권은 날개 돋친 듯 팔렸고, 골드만삭스는 전 세계에 독점적으로 이를 파는 역할을 한 것이다.

문제는 막대한 채권으로 조달한 자금을 인프라 투자가 아닌 총리와 그 주변의 악당들이 유용했다는 점이다. 스스로를 '정의'의 집행자라 부르는 미국 법무부Department of Justice의 자료를 그대로 인용하면 다음과 같다.

2009년부터 2015년까지 1MDB의 45억 달러 이상의 자금이 1MDB 및 그 동료의 고위 간부와 조 로의 범죄 계획을 통해 횡령된 혐의가 있다. 국제 자금 세탁 및 횡령과 관련 있고, 횡령 수익금 중 일부는 뇌물 제공에도 사용되었다.

1MDB는 말레이시아 정부가 글로벌 파트너십과 외국인 직접 투자를 통해 말레이시아의 경제 발전을 촉진하기 위해 만들었다. 그 기금은 말레이시아 국민의 복지 향상을 위해 사용되는 대신, 1MDB가 보유하고 있는 자금과 1MDB를 대신하여 발행된 채

권 수익금을 가져가 베벌리 힐스, 뉴욕, 런던의 고급 주택과 부동산을 비롯한 다양한 사치품(300피트 슈퍼 요트, 모네와 반 고흐의 작품 등)에 사용했다. 베벌리 힐스 부티크 호텔, 맨해튼 파크 레인 호텔 재개발 및 주식 등 수많은 비즈니스에 투자되었다. EMI(영국의 대규모 음반회사)에서 가장 큰 개인 음악 저작권 보유자이기도 하다.

조 로Jho Low라는 핵심 악당은 할리우드 및 미국 유명인사들에게 각종 선물과 선심을 물 쓰듯 했고, 우리나라에서는 유명 연예기획사로부터 접대를 받아 이름이 오르내리기도 했다. 나집 전 총리와 악당들은 총 45억 달러를 유용한 혐의를 받았고, 그중 7억 달러 이상은 총리 계좌에 직접 들어갔다고 하니 말레이시아 국민은 얼마나 분통이 터졌겠는가. 이 사태는 2018년 정권 교체로 이어졌고 총리가 된 사람은 마하티르 빈 모하맛, 바로 1981년부터 20년 넘게 총리로 재임하면서 '현대화의 아버지'라고 칭해지던 사람이다. 구순을 넘겨 다시 정계로 복귀시킨 말레이시아 국민의 속 타는 마음이 그대로 느껴진다.

악당들에게 내려진 벌은 아직 마무리되지 않았다. 미국 정부는 1MDB에서 새어나간 돈을 찾을 때마다 족족 압류해서 말레이시아로 보내고 있다. 조 로는 미국과 말레이시아 양국에 기소되었지만 6년째 해외 도주 중이다. 나집 총리는 총 42개 혐의 가운데

돈의 거짓말

7개 혐의에 대해서 징역 12년 및 벌금형을 선고받았고, 불구속 상태로 다른 재판을 받고 있다.

골드만삭스는 돈과 명성 모두를 잃어버렸다. 말레이시아와 아부다비 고위 관료들에게 뇌물을 제공한 혐의로 해외부패방지법을 적용받았다. 이와 관련한 위반으로 받은 최대 벌금은 2020년 에어버스가 낸 21억 달러인데, 골드만삭스는 그보다 높은 33억 달러나 두들겨 맞으면서 기록을 쉽게 갈아치웠다. 여기에는 한국 보험사와 연기금도 여럿 투자했다. 한국에서 판매하는 과정에서도 불법 혐의가 적발되어 검찰과 감독원의 징계를 받기도 했다.

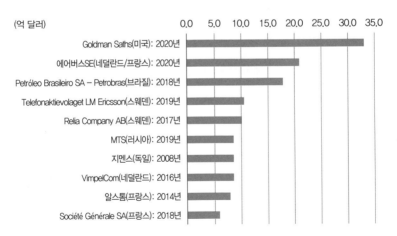

▲ FCPA 최대 벌금 리스트, 〈The FCPA Blog〉

골드만삭스는 1MDB가 발행한 채권을 전 세계 자산운용사 및 보험사 등 기관투자자들에 판매하고 자문하면서 6억 달러를 받았다. 이 대목에서 나의 눈을 의심했다. '65억 달러의 채권을 발행하는데 10%에 달하는 수수료를 챙겼다고?' 결과적으로 보면 챙긴 수수료의 훨씬 많은 벌금을 냈으니 한참 밑지는 장사지만, 아무리 악당들을 도운 거간꾼이라고 해도 수수료치고는 너무 비싼 듯하다. 과도한 수수료에는 뭔가 불편한 진실이 숨어 있다는 것을 암시하는 사례다.

⠶ '희대의 잡주'들과 상장 수수료

말레이시아 나집 총리 못지않게 삽질과 재테크에 능한 당시 대통령은 금융에는 왜 삼성전자가 없느냐고 한탄하며 금융의 글로벌화를 염원하셨다. 이에 부응해서 낙하산을 메고 사뿐히 자리 잡은 여러 금융회사 사장님들은 해외 진출과 함께 다른 나라 기업을 한국에 상장시키는 데 열을 올렸는데, 이즈음 나는 특명을 받고 일본 출장을 다녀온 적이 있다. 와타나베 부인들이 열광하는 FX마진 거래를 통해서 엄청난 수익을 내는 증권사가 있는데, 한국 시장에 상장해서 그 수익을 나누고 싶다는 따뜻한 마음이

전달되었기 때문이다. 지금이나 당시나 일본은 금리가 너무 낮아서 한국 투자자의 관심을 끌지 못했고, 일본 투자자들은 이미 자국의 제로금리를 피해 글로벌 금융기관에서 여러 나라의 금융상품과 채권을 거래하고 있었다. 한국 금융시장과 맞닿을 지점은 거의 없었다.

도쿄 변두리에 있는 그 회사의 전략기획 실장은 힙합 가수를 연상케 하는 큰 귀고리는 물론이고 옷매무새까지 금융인과의 연관 고리를 어디에서도 찾아볼 수 없었다. 사무실 한쪽에 자리 잡은 일명 콜센터에는 2~3명 남짓한 직원들이 앉아 있었고, 회의실도 변변치 않아 과연 금융회사라 할 수 있는지 의심이 들었다. (돌이켜보니 한국 영화에서 자주 등장하는 거친 형들의 대부업체 사무실과 비슷한 분위기인 것 같다.)

'정상적인 회사라면 한국 시장에 상장하려고 할까? 그래도 일본 시장이 우리보다 훨씬 크고, 상장 유지 비용도 만만치 않을 텐데.' 의문이 가시지 않던 찰나, 회사는 돌연 상장을 철회했다. 그것도 상장 심사 통과 후 유가증권 신고서 제출을 앞둔 직전에 말이다.

상장을 철회한 것은 대주주의 지분을 일본 내 다른 기업에 매각하기로 했기 때문이었다. 일본 정부에서 투기적인 FX 거래 규제를 강화하면서 수익 하락은 불 보듯 뻔했다. 규제가 시작되기 전에 대주주인 사모펀드는 투자 자금을 회수하기 위해 서둘러 지분을 매각해야 하는 상황이었다. 물밑에서 지분 매각을 추진하면서 혹시나 모를 상황에 대비한 플랜 B로 한국에서의 상장을 동시에 진행한 것이다. 대주주의 지분을 털어낼 바보 군단을 확보하려는 속셈이었다.

섬나라의 폭탄은 피했지만, 더 큰 재앙이 대륙으로부터 날아들었다. 포기를 모르는 낙하산 부대는 해외 기업의 국내 상장을 끊임없이 추진했고, 그 결실은 중국 기업의 상장으로 열매가 맺어지기 시작한다.

중국의 어느 섬유회사는 싱가포르에 본점을 두고 이미 2009년에 싱가포르 거래소에 상장이 되어 있었다. 그러다 DR(국제 거래를 위한 유가증권) 형태로 한국 증시에 2차 상장을 한 것이다. 싱가포르에 상장된 기업이 뉴욕이 아닌 한국에 2차 상장을 한다는 것도 이상하고, 무엇보다 의아한 건 DR 발행이 뭐 어렵다고 수수료가 이리 높나 하는 의문이었다. 수수료율은 무려 9%가 넘었다.

그즈음에 글로벌 보험회사들의 상장이 러시를 이룰 때였고, 나도 한국 보험사들의 상장으로 눈코 뜰 새 없이 바쁜 시절이었다. 당시 국내 자본시장 최대 규모의 IPO였던 삼성생명, 대한생명의 수수료는 1%에 불과했다. 뒤이어 홍콩에 상장한 글로벌 금융회

돈의 거짓말

사 AIA의 상장 수수료가 4%대라는 걸 알고 있는 터라 10%에 이르는 중국 섬유회사의 상장 수수료율이 의아할 수밖에 없었다. 돈이 필요해서라면 이미 싱가포르 선진증시에 상장된 현지에서 채권을 발행해도 충분히 소화되지 않았을까?

시한폭탄의 타이머는 2개월에 불과했다. 1천억 원의 분식회계를 저지른 사실이 밝혀지면서 거래가 정지됐고, 불과 2년 만에 상장폐지가 결정됐다. 투자자들은 알토란 같은 돈을 모두 날렸다. 상장 당시 3,210억 원의 자산 중 3분의 1에 해당하는 1천억 원의 현금이 없다니!

사례는 여기서 그치지 않는다. 중국원양자원은 주로 인도양과 남서태평양의 공해상 깊은 곳에 서식하는 우럭바리 등을 잡아 호텔이나 고급 식당에 납품하는 사업체다. 쫄깃한 식감이 일품인 이 어종은 수요에 비해 공급이 턱없이 부족하다 보니 60%가 넘는 영업이익률이 가능했다. 한국의 참치 원양어업의 영업이익률이 10%에 못 미치고, 세상에서 가장 돈 잘 버는 애플이 25% 남짓인 걸 보면 경이로울 따름이다.

심해 어종인 데다 '주낚기법(낚싯줄 1줄에 여러 개의 낚시를 매달아 직접 손으로 잡는 기법)'으로 수작업이 필수이니, 단기간에 생산량이 늘기 어렵다는 수산업계 전문가의 의구심에도 불구하고 매년 매출이 2배씩 늘어났다.

하지만 오래 지나지 않아 문제가 드러났다. 최대주주 허위 기재로 과징금을 받더니, 허위 공시와 불성실공시, 최대 주주의 지분 매각 등 잡음이 끊이지 않았다. '희대의 잡주'라는 별명을 뒤로하고 결국 상장폐지됐다.

또 다른 그늘도 있다. 일부 해외기업들은 매우 탄탄한 재무 성과와 성장성을 보여주었지만, 시장을 어지럽히는 이런 미꾸라지들과 같이 도매금으로 인식되기 싫어 자진 상장폐지 후 한국 시장을 떠났다는 점이다. 낙하산 부대는 자신들이 추구하던 세계화

구분	상장일	회사명	상장폐지		투자자 추정 손해액 (정리매매 직전일)
			일자	사유	
유가증권 (코스피) 시장 미국 리츠	08.12.4	연합과기	12.9.14	감사의견 거절	69억 원
	11.1.25	중국고섬	13.10.4	감사의견 거절	728억 원
	07.11.26	평산차업	15.11.5	시가총액 미달	16억 원
	09.5.22	중국원양자원	17.9.27	감사의견 거절	789억 원
코스닥 시장	10.9.15	성융광전투자	12.9.26	감사의견 거절	774억 원
	11.6.13	완리	18.5.21	감사의견 거절	323억 원
	10.2.5	차이나하오란	19.1.2	관리종목 지정 후 분기보고서 미제출	726억 원
	09.5.29	차이나그레이트	20.5.22	사업보고서 미제출	418억 원

▲ **외국기업 상장폐지로 인한 투자자 추정 손해액**(출처: 한국거래소, 홍성국 의원실)

돈의 거짓말

Globalization를 오히려 방해한 셈이다.

IPO 당시의 증권신고서 등을 찾아보니 문제가 되었던 기업들의 IPO 수수료는 평균적으로 6.2%였다. 많은 경우에는 15%가 넘고 적은 경우도 3%였으니, 통상적인 수수료율과는 비교할 수 없는 수준이다.

⋮ 배보다 배꼽이 큰 수수료

2017년 영국 금융감독원FCA은 터미네이터(아널드 슈워제네거)를 모델로 내세운 공익광고를 내보내기 시작했다. PPIPayment Protection Insurance(지급보증보험)의 피해 접수 마감일을 알리기 위한 목적이었다. 광고의 비주얼이 다소 혐오스럽지만 호소력만큼은 압도적이었다. (유튜브에서 "FCA PPI - The PPI Deadline is Pressing"을 검색하면 된다.) 이 영상 속 터미네이터는 이렇게 외친다. "너무 늦기 전에 행동을 하세요(Come on. Take Action before it's too late)!"

PPI는 아프거나 실직, 사망으로 대출채무를 상환하지 못하게 되면 이를 보험금으로 보상해 주는 보험상품이다. 대출해 주는 은행에서는 떼일 가능성이 없고, 대출자는 금리가 낮아지는 서로

가 좋은 상품이다. 하지만 우량한 신용과 담보를 가져 굳이 PPI가 필요 없는 대출자들에게 무리하게 끼워 팔거나, 반대로 아예 대상이 될 수 없는 실직자들에게 판매해서 문제가 되었다.

보통 한국의 보험금 지급 비율은 자동차보험은 80%, 일반적인 손해보험 상품도 50%는 족히 된다. 하지만 PPI의 지급률은 적은 경우 11%, 많아도 28%에 불과했다고 한다. 100만 원 팔아 11만 원 지급하고, 89만 원은 이익이라는 의미다. 이렇게 마진이 높으니 팔 때마다 생기는 수수료에 눈이 먼 은행들은 대출 자체보다 PPI 끼워 팔기에 열광했다. 대출금의 25% 심지어 47%에 이르는 PPI, 즉 1,000만 원 대출받는 데 250만 원에 이르는 보험상품을 구매하도록 유인한 셈이다. 햄버거 세트에 장난감이 따라오는지 장난감을 팔기 위해 햄버거를 끼워주는 것인지 헷갈리듯, 대출을 하는 건지 보험을 팔기 위해 대출을 끼워주는 건지 모를 정도였다.

1990년 이후 20년 동안 6,400만 건의 PPI가 팔렸다. 2009년 영국금융청FSA이 집계한 전체 민원의 7%였던 PPI 건은 불과 3년 만인 2012년에 63%로 달할 정도로 늘었다. 이 광범위한 불완전 판매를 시정하기 위해 영국금융청은 2019년 8월까지 클레임을 제기하면 일정 수준의 보상금을 돌려받을 수 있다고 광고까지 하게 됐다. 보상금의 규모는 무려 330억 파운드, 한화 50조 원이 넘는다고 하니 PPI 보상금이 많이 지급된 시기에 영국 경제가 들썩거렸다는 말이 허언은 아닌 걸로 보인다.

PPI는 극단적인 사례이긴 하다. 하지만 기본적으로 보험상품은 수수료가 많이 수반된다. 특히 기간이 긴 상품일수록 초기 판매 수수료가 높다. 그렇다 보니 앞뒤 재지 않고 판매에 열을 올리는 일이 많다.

다음 그림은 보험사 입장에서 종신보험 한 단위를 팔 때의 현금흐름을 보여준다. 현금흐름 (+), (−)를 퉁치면 파랑 선의 세전 이익이 나오는데, 초기 이익이 기형적으로 크게 훼손되는 건 모두 판매비가 일시에 지급되기 때문이다. 예를 들어 매월 납입하는 보험료의 1,600~1,800%에 이르는 수수료가 지급되는데, 매달 떼어가는 관리보수까지 합치면 연 2%의 수수료가 지급되는 셈이다. 10년짜리 국채 금리가 2%에 불과한 상황에서 저축이나 연금의 대용으로 가입하기에는 시작부터 부적합한 금융상품이다. 그러니 보험 계약해 줘서 고맙다고 백화점 상품권을 들고 오는 엄마 친구 또는 내 친구 설계사에게 고마워할 필요는 전혀 없다.

재미있는 건 뒤로 갈수록 해약률이 높아지면서 실제 보험 본연의 기능을 발휘하지 못한다는 점이다. 어찌 보면 판매 수수료를 먹는 비즈니스에 지나지 않는다.

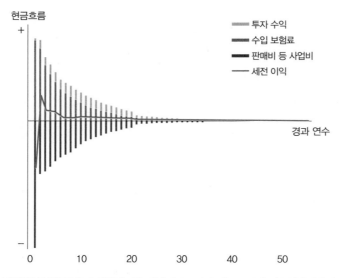

현금흐름

+

━━ 투자 수익
━━ 수입 보험료
━━ 판매비 등 사업비
─── 세전 이익

경과 연수

0   10   20   30   40   50

−

▲ 보험상품의 현금흐름이 왜곡된 것은 판매 수수료가 초기(1~2년)에 집중되기 때문이다. 일반적인 계약자는 보험상품이 복잡하고 기간이 길수록 불합리한 수수료의 영향을 받는 것을 알기 어렵다.

보험사를 비롯한 금융회사들은 네이버, 카카오의 금융 진출에 좌불안석이다. 라이선스와 규제로 보호받던 독점적 마진이 내부의 경쟁으로 잠식되는 마당에 새로운 경쟁자가 나타나면서 이종격투기의 장으로 바뀌고 있기 때문이다.

사막의 밤 추위를 피해 텐트에 코만 살짝 넣고 자겠다던 낙타는 아침이 되자 주인을 내쫓고 텐트 전부를 차지한다. 슬금슬금 진입하는 금융 플랫폼들은 이미 만들어진 텐트 안에 먹을 게 너

돈의 거짓말

무 많고 따뜻하다는 점을 잘 알고 있다.

제프 베조스는 모든 중개업의 과도한 수수료를 잠식하면서 이렇게 말했다.

"Your fat margin is my opportunity(너의 거대한 마진은 내게 기회야)!"

덕분에 금융업의 과도한 수수료는 이제 지속할 수 없을지도 모르겠다.

04 권위의 동원

토론에서 정말로 필요한 것은 논지의 완벽함이지 그 논지가 지니는 권위의 무게가 아니다. 가르치는 것을 업으로 하는 이들의 권위가 배우고 싶어 하는 자들에게 장애의 요인으로 작용해 결국 학생들이 자신의 판단력을 발휘하지 못하게 만든다. 권위의 무게가 중시되는 사회에서는 주어진 문제의 답을 스승이 내린 판단에서만 찾으려 하기 때문이다. 나는 피타고라스학파에서 통용됐던 이와 같은 관행을 받아들이고 싶지 않다. 그들은 논쟁에서 "우리 스승께서 말씀하시기를…" 하는 식으로 대답하는 습관이 있었다. 여기서 스승은 물론 피타고라스를 가리킨다. 이미 정해진 견해들이 아주 강해서 타당한 이유가 제시되지 않은 채 권위가 모든 것을 지배하는 식이었다.

— 칼 세이건Carl Edward Sagan, 『코스모스』중

∶ 법제처는 과천에 없다

10년 전 가입했던 보험상품은 꽤 좋은 상품이었다. 2010년 당시 시중 금리 수준에 비하면 5%의 이율은 그리 높은 편이 아니었다. 단 최저보증이율이 내 눈을 사로잡았다. 시중 금리가 아무리 내려가도 최소한 어느 정도는 보장하겠다는 조항이 있었는데, 이게 3%였다. 게다가 보험사 직원은 통 크게 백화점 상품권까지 챙겨주었고(물론 내가 낸 보험료의 일부인 사업비에서 떼주는 거지만), 추가

돈의 거짓말

로 ○○리조트의 회원 대우가 가능한 증서도 보내주었다. 제주도를 비롯한 전국 방방곡곡 절경에 위치한 여러 리조트는 물론이고 원하면 요트도 빌려주는 다양한 혜택을 지닌 회원증서라 적혀 있었다. 하지만 후기들을 보니 시골 모텔 수준이거나 부도난 리조트가 대부분이었고, 자리 잡은 위치도 그리 편하게 갈 수 있는 곳들이 아니었다. 이런 데 가보면 바퀴벌레와 동침은 기본이고, 폐가 체험의 짜릿함을 무료로 즐길 수 있으니 이별을 고민하는 애인과 간다면 효과 만점이라는 후기도 올라와 있었다. 당시 닿지 않을 것 같았던 최저보증이율은 역시나 최고의 재테크 수단이 되었고, 지금도 알토란처럼 불어나고 있다.

리조트 회원증서는 까맣게 잊어버리고 있던 어느 날 전화 한 통이 왔다.

"반갑습니다. 고객님! (고객님이라는 말에 끊으려는 찰나) 2010년 ○○생명보험 통해서 저축보험 가입하셨죠? 가입하신 분들에게 ○○리조트 회원 대우를 해드리고 있을 텐데요, 그분들을 대상으로 설명해 드릴 사항이 있어 저희 직원이 직접 찾아가려고 합니다. 괜찮은 시간 있으신지요?"

통상 겪는 핸드폰이나 보험 판매의 낚시성 짙은 전화와는 다른 느낌이었다. 스크립트를 일방적으로 읽어대는 방식도 아니었고, 내가 가입한 보험과 해당하는 혜택(리조트 회원 대우)에 대해서도 정확히 숙지하고 있었다. 게다가 찾아와서 설명할 게 있다 하지 않는가. 보통 심드렁한 반응이나 난처한 질문(이 번호 어떻게 아셨어요?)을 하면 바로 끊어버리는 게 콜센터 마케팅 전화의 특징이다. 그런데 나의 의심 어린 질문에도 기다렸다는 듯이 조곤조곤 설명을 이어나갔다. 이때 나는 사기의 그림자를 감지할 수 있었다. 너무 완벽하면 의심해야 하니까.

호기심이 발동한 나는 바로 약속을 잡았고, 며칠 후 직원이 사무실로 찾아왔다. 역시나 말쑥한 외모, 루이비통 서류 가방에서 꺼내든 몽블랑 펜이 반짝거렸다. 나는 더 어리숙해 보이기 위해 세상 물정 모르는 양 그의 설명을 듣고만 있다가 이따금 순진한 질문을 던지곤 했다. 경계심이 풀렸는지 호구로 이미 판정을 내렸는지, 직원은 더 빠른 말투로 전문용어를 섞어 쓰기 시작했다.

"이번에 강원도 개발공사와 ○○리조트가 공동투자해서 속초 해변에 새롭게 대규모의 리조트를 신축하려고 하는데, 정회원들과 선생님 같은 회원 대우(나부랭이)들 사이에 권리 충돌이 생겨서요. 이것을 해결해야 물주인 강원도 개발공사가 개발을 진척시키겠답니다. 정회원들은 어차피 등기된 상태라서 새로운 리조트 회원으로 전환되는데, 회원 대우분들은 혜택을 못 받으면 반발하고 반대로 정식 회원으로 바꿔주면 기존 정회원들의 지분이 희석되기 때문에 반발하는 상황이죠. 그래서 회원 대우들에게 등기의 근거로 소정의 가입비를 받고 나머지는 회사가 부담해서 정회원으로 전환하는 방법으로 해결하기로 했습니다. 회사로서도 부담이 되지만 하루만 늦어져도 이자 비용이 엄청나니까, 울며 겨자 먹기로 택한 방법이에요. 기존 정회원 분양가가 3천만 원인데, 선생님은 가입비 300만 원만 내시면 사실 정회원이 되는 거죠. 연회비가 추가로 60만 원씩 들어가는데 3년 선납하면 100만 원입니다. 물론 매달 5만 원씩 내셔도 되고요. 이건 선택이지만 대부분 선납을 하세요."

막힘없는 수려한 화법과 전문용어. 제시하는 리조트 개발 도감과 서류들을 보고 듣다 보니 어느새 빨려 들어가는 느낌이 들었다.

"법적으로 가능해요?"

"이미 판례가 있습니다. 김·장 통해서 법률 자문 받으니 가능하다고 합니다. 제가 오늘 선생님까지 3명에게 같은 설명을 해드리는데요. 오전에는 과천에 있는 법제처 국장님, 좀 전에는 여의도 회계법인에 계시는 파트너 회계사도 이렇게 하기로 하셨어요. 그분들이 어떤 분들이겠습니까. 법으로 먹고사는 분들이고 손해 보는 일은 안 하시는 분들인데."

이때 의심은 확신으로 바뀌었다. 법제처는 세종시에 있으니까. 세종시 우정사업본부에 자주 강의를 하러 가던 나는 바로 옆에서 법제처 간판을 본 기억이 떠올랐다. 1시간이 넘는 설명이 마무리될 때 즈음 나는 "아내가 일본 출장을 가서 지금 혼자 결정하기 어려우니, 다음 주까지 답을 줘도 될까요"라고 물었다. 그러자 대꾸가 가관이다.

"돈 3백이 없어서 허락을 받아요?"

구겨진 자존심을 달래며 유사한 사기 수법이 있는지 알아보았다. 솔직히 말하면 마음 한구석에는 '진짜면 어떡하지' 하는 일말의 미련도 남아 있었다. 하지만 역시나 매우 일반적인 수법이었다. 리조트 평생 회원권 이벤트에 당첨되었는데 3년 동안 소정의 시설관리비만 선납하라고 유도한다는 피해 글들은 차고 넘쳤다. 그런데 내게 접근한 이들의 방식은 좀 이례적이었다. 첫째, 특정 보험에 가입했고 회원 대우를 받고 있다는 것을 정확히 알고 있었다. 두 번째는 여러 권위와 심리적인 장치를 동원했다는 점이다. 아마 이들은 보험사와 계약한 ○○리조트의 내부자를 통해서 대상자 리스트를 빼냈던 것 같다. 불특정 다수를 대상으로 하기에는 시간도 많이 들고 낚일 확률도 낮으니, 나름 첨단 타깃 마케팅을 한 것이다.

돈의 거짓말

정말 웃기는 건 잊을 만하면 나타나서 다시 낚아보려고 시도한다는 것이다. 리스트 관리가 안 되는 건지, 나를 호구로 본 건지 모르겠다. 올 때마다 담당자는 바뀌는데 수법은 똑같다. 등기회원으로 전환하는 데 필요한 관리비와 등기 비용을 당장 결제해야 하고, 주저하면 자존심을 긁는다. 주차권 좀 달라는 부탁도 잊지 않지만, 소심한 보복심이 발동해서 매정하게 거절한다.

이들의 화법에는 매우 많은 '권위'의 장치가 동원되어 있다. 강원도 개발공사, 법제처 국장, 회계법인 파트너, 김·장을 들먹거리며 신뢰를 덧칠한다. 법제처가 과천에 없다는 걸 몰랐다면 당했을 수 있겠다는 생각이 들 정도로 현란한 화술이었고, 의문 섞인 질문에도 막힘이 없는 준비된 사기꾼이었다. 시간이 지나고 생각해 보니 마지막에 자존심을 긁는 화법마저 결정을 재촉하기 위해 준비한 기술 중 하나였던 것 같다.

: 집단 권위의 비겁함

권위에는 여러 가지가 있다. 교수, 검사, 판사 등등 희소성에 기반한 개별적 권위가 있고 집단적 의사결정 역시 부정하기 어려운 권위로 작동한다(붉은 신호등도 다 같이 건너면 죄의식을 사라지게 하는 법이다). 때론 미모도 같은 맥락으로 동원된다. 북한의 실상을 알리는 데 무슨 상관이 있는지 모르겠지만, 아이돌 뺨치는 미모를 지닌 탈북자는 종편 채널에 고정 패널로 출연한다. 보이스피싱 조직은 검사나 금감원을 사칭하는 전화 방식을 넘어서, 아예 검찰 로고가 벽면에 가득한 방을 만들어놓고 화상 전화로 의심을 없애는 형태로 진화했다. 수천억 원의 피해자를 양산한 사모펀드 사기 사건에도 전직 금융 관료, 전 검찰총장, 재벌 회장 등의 이름이 끝없이 등장하면서 불순한 의도를 덮는 신뢰의 페르소나로 작동된다.

사회적으로 높은 사람을 만나면 괜히 주눅이 들곤 하는데, 사실 권위는 그 자체로써는 어떤 가치도 생성하지 못한다. 오직 전문성과 만나야 제대로 된 효과를 발휘한다. 높은 지위만 있고 아는 게 없거나, 다른 분야에 정통하지만 특정 문제에 문외한이 그 문제를 해결하려고 하면 잘될 리가 있는가?

더욱이 그런 사람들이 여럿 모여 있는 상황, 즉 권위와 권위가 만났을 때 이들의 이견이 충돌하면 자존심 싸움으로 변질해 문제를 해결하기는커녕 복잡하게 되거나, 시간만 지체되는 법이다.

업계의 전문가 의견을 청취한다고 가끔 정부 또는 공기업에서 주관하는 회의에 초청, 아니 소환받는 경우가 있다. 정부가 가지고 있는 기업의 지분을 매각하기 위한 최적 시점, 또는 적정 가치

돈의 거짓말

는 어느 정도인지, 시장에서 소화는 될 것인지 등의 질문이 오가고 답을 하는 자리다. 말이 좋아 위원회지 실무자들이 권위와 집단 의사결정에 의존해 책임을 희석시키고 떠넘기려고 만든 문제 해결 방식이다.

그곳에 모인 자문단 또는 위원회는 서울 시내 내로라하는 대학의 교수, 전문 법률가들이 주를 이룬다. 정말 권위의 총출동이라 할 수 있는데, 문제는 아쉽게도 이들이 해당 사안 또는 산업에 대한 이해가 낮다는 점이다. 아무 죄 없는 나를 취조하듯이 여러 질문을 쉴 새 없이 던지는데, 질문의 수준과 논리성을 보면 상대방의 진짜 실력을 가늠할 수 있는 법이다. 정말 '봉숭아 학당'에 와 있는 게 아닐까 하는 의문이 들 정도로 번지수가 틀린 질문이거나, 아무 상관 없는 자기 논문을 근거로 형이상학적인 질문을 하거나, 그날 아침 신문에 나온 내용을 읊조리는 식이다.

물론 위원회가 마무리될 즈음에는 이들의 이해도 조금은 높아져 있겠지만, 임기가 매우 짧다 보니 결정적 의사결정은 하지 못하고 대략적인 타협점을 찾으며 마무리하는 수순을 밟는다. 그리고 새롭게 구성된 위원들에게 취조당하기 위해 똑같은 회의에 불려가고 봉숭아 학당을 무료로 다시 보기 하는 행운을 얻게 된다.

반대로 내가 아는 헤지펀드는 이런 의사결정 관행을 잘 알기 때문에 지분이 나올 기업들에 미리 공매도를 쳐놓고 막바지에 몰려 집단 의사결정이 결국 실행되는 때, 즉 싸게 지분을 대량으로 팔 때(일명 블록딜이라고 하는데 시장 가격 대비 5~10% 정도 싸게 대량으로 매각한다)를 기다렸다가 빌린 주식을 일시에 상환한다. 진짜로 똑똑한 사람은 따로 있는 법이다.

⁝ 검증할 수 없는 권위

서울 강남경찰서는 18일 일반 종이를 특수 처리된 유로화라고 속이며 돈을 가로채려 한 혐의(사기 미수)로 우간다인 R(35) 씨를 구속하고 카메룬인 F(43) 씨를 불구속 입건했다. 경찰에 따르면 R 씨와 F 씨는 무역업으로 알게 된 김모(58) 씨에게 "미국 중앙정보국CIA이 우간다 민주화 쿠데타를 지원하기 위해 마련한 5,000만 유로(900억 원)를 갖고 있는데 검은색으로 특수 처리돼 있다"며 "재생하는 데 필요한 약품비 40만 달러(6억 원)를 주면 2,500만 유로를 주겠다"고 접근했다. 이들은 여행 가방 4개에 지폐 크기의 검은색 종이를 가득 담아 김 씨에게 보여줬다.

경찰 관계자는 "피의자들은 김 씨를 만나기 위해 방콕에서 이달 초 차례로 입국했다"며 "이들은 자신들이 김 씨의 또 다른 사

돈의 거짓말

업 파트너인 나이지리아인 S 씨의 지시를 받은 것이라고 주장하고 있다"고 전했다. 경찰 조사에서 김 씨는 "요구액이 많고 검은색 종이가 조악해 국제 사기범이라는 생각이 들어 신고했다"고 밝혔다.

— 2009년 3월 18일 어느 일간지 뉴스

한때 전 세계에 유행했고 모습을 바꿔가면서 부활하고 있는 사기 방식이다. 내 친구는 동남아에 파견을 나갔다가, 까만 종이가 프린터 비슷한 기계를 지나면서 초록색 달러로 바뀌는 마법의 광경을 보고 현지인에게 거금을 뜯겼다. 특수 시료를 뿌려야 달러로 바뀌는데 이 시료를 살 돈이 부족하니 약간씩 부담하자는 방식이다. 여기에 폰지 수법을 가미하면 처음 얼마를 보낸 후 열 곱절이 넘는 달러를 돌려주고, 그다음에는 더 큰돈을 덥석 보내게 하는 게 일반적이다.

사례에서 언급된 CIA를 FBI, FRB, 미국 재무부, 청와대 행정관 등으로 단어만 바꾸고, 블랙머니를 쿠데타 지원 자금, 전직 대통령 비자금, 재벌들에게서 상납받은 통치 자금, 구권 화폐 등으로 바꾸면 그럴듯한 조합이 수십 가지 나온다. 당시의 세계 정치의 흐름이나 아프리카 소국의 역사까지 섭렵해야 하고, 다소간의 상상력이 필요하니 능력 아닌 능력과 노력이 필요하긴 하다.

이들은 검증할 수 없는 권위를 동원한다. 미술계에서 미국 명문대 미술사 박사학위를 사칭해 문화계의 요직을 차지한 일로 떠들썩한 적이 있었다. 정치권의 스캔들로까지 비화한 그 사건은 해당 미국 대학에 졸업 여부를 의뢰하면서 금방 들통이 났다. 그런데 CIA, FBI가 동네 구청마다 사무실을 차려놓고 있는 것도 아니고, 설사 그 소속이 맞다 하더라도 그의 신분을 확인해 주면 제임스 본드의 목숨은 어떻게 되겠는가? 애초부터 확인할 길이 도무지 없다는 점을 노리는 것이다.

이런 일은 회사나 일터에서도 빈번하게 일어난다. 특히나 규모가 크고 수직적인 조직문화를 가진 기업일수록 그렇다. 내가 일하면서 가장 싫어하는 부류는 "회장님 지시 사항입니다", "○○○ 부사장이 급히 처리하라고 합니다"라는 말부터 꺼내는 사람들이다. 주로 자기는 바쁘거나 전문성이 없는데 거역할 수 없는 분들이 시키니 '네가 나 대신 처리해야 한다'는 식이다. 어찌 그 높은 분들은 지시를 꼭 긴급하게 내리시고, 실무진들이 처리할 현안을 꼼꼼히 챙기시는지 의아할 정도다.

여기에서도 문제는 확인할 방법이 없다는 것이다. 일단 그분들 전화번호를 모르고, 통화가 됐다 쳐도 이런 시시한 일로(그분들 입장에서) 말을 섞냐는 핀잔을 들을 수밖에 없다. 결정적으로 만약

돈의 거짓말

그게 사실이라면 그야말로 대재앙인 셈이다. 이러한 맹점을 알고 일을 처리한 부류들은 반복적으로 권위를 팔아 일을 해결하려는 습성이 있다. 이만큼 편하게 일하는 법이 없으니까.

하던 일을 작파하고 이런 것들에 대응하면 정작 본업은 지연되고 야근 일수만 늘어나기 마련이다. 나는 요령이 생겨 이렇게 처리한다. 첫 번째는 내일부터 정기 휴가라서 처리하려면 시간이 걸릴 것 같다고 말하는 것이다. 어차피 급한 마음에 높은 분을 팔아먹었으니, 다른 희생양을 신속히 찾기 마련이다. 한번은 내가 거절하자 다음 희생양에 전화한다는 게 재다이얼을 눌렀는지 나에게 앵무새처럼 똑같은 요청을 한 적도 있었다.

두 번째는 전달해서 들은 사항이라서 모호한 점이 있으니, 그분께서 원하시는 것을 내가 직접 확인하는 게 효과적일 거 같다고 말하는 것이다. 자리에 계시면 찾아뵙겠다거나 통화를 요청한다. 이러면 바로 꼬리를 내리기 마련이다.

세 번째는 더 큰 권위를 동원하는 것이다. 즉 해드리고 싶지만 더 높고 더 센 분이 시킨 일이 있어 우선순위를 조정하려면 그분의 허락이 필요하니 대신 받아달라고. 이쯤 요령을 부리면 그 어떤 악당도 다시 전화하지 않는다.

가부장적이고 유교적인 문화의 굴레에서 벗어나지 못한 우리의 현실에서는 권위가 동원되는 악습이 쉽게 사라지기 어렵다.

이를 바꾸지 못하면 보이스피싱이나 CIA 요원에게 쉽게 돈을 뜯기는 것은 물론이고, 집단 권위에 책임을 떠넘기거나 주변 곳곳에 권위를 팔아대며 자기 잇속을 챙기는 자들을 당해내지 못한다.

05 없는 것을 믿게 하는 힘: 내러티브

> 강력한 내러티브는 필연적으로 환상을 조장한다.
> A compelling narrative fosters an illusion of inevitability.
> — 대니얼 카너먼Daniel Kahneman, 『생각에 관한 생각』 중

: 알려지지 않은 유토피아, 포야이스

카리브해 연안에 자리 잡은 나라 포야이스Poyais는 유럽인들에게 아직 알려지지 않은 유토피아 그 자체다. 항상 우중충한 구름이 낮게 끼어 있는 스코틀랜드와 달리 온화한 초여름 날씨가 1년 내내 지속되고, 별다른 수고를 기울이지 않아도 필요한 모든 농작물이 생산되는 비옥한 땅을 가졌다. 옥수수는 1년에 3번 재배할 수 있고, 카리브해 연안이니만큼 현금과 다름없는 담배나 설

탕 같은 작물이 잘 자란다. 물고기와 사냥감도 너무 풍부해 하루만 사냥해도 일주일 동안 온 가족이 먹을 수 있을 만큼이다. 삼나무와 마호가니 숲으로 덮인 장엄한 산에서 내려오는 강물은 순금 모래밭을 지나 바닷가로 흘러가고, 녹음이 우거진 큰길은 면화 농장을 가로지른다. 광대한 동물 무리가 초원에서 살찌우고, 가장 희귀한 과일이 풍성하게 자랐으며, 아름다운 새들이 햇빛 아래에서 반짝인다. 수도인 세인트 조셉St. Joseph은 큰 포장도로가 갖추어진 번성한 해변 도시로, 유럽식 극장, 오페라 하우스, 돔 형태의 대성당이 갖추어져 있다. 포야이스에서 유일하게 부족한 것은 풍족한 자원과 땅을 최대한으로 개발할 이주민과 투자자들이다.

▲ 포야이스의 블랙리버 항구를 묘사한 그림

1822년 스코틀랜드 출신 그레고어 맥그리거Gregor MacGregor는 자신을 은행가의 아들이자 온두라스 근처 나라 포야이스의 왕자라고 소개했다. 그는 포야이스의 국채를 영국 사람들에게 팔기 위해 355쪽에 이르는 친절한 포야이스 안내서를 만들었다. 안내서에는 풍요로운 환경에 대한 그림뿐 아니라, 포야이스의 정치 및 문화, 은행 및 상업 시스템, 심지어 군부대별 군복 디자인까지 상세하게 기술되어 있었다고 한다. 이뿐 아니라 영국의 주요 도시에 포야이스 정부의 공식 사무소를 개설해 전단지를 뿌리고, 홍보 노래까지 만들어 아이들에게 부르게 했다.

당시의 영국은 나폴레옹 전쟁(1797~1815)이 끝나고 금리가 안정

▲ 맥그리거가 디자인한 포야이스에서 사용된다는 화폐로 스미스소니안 박물관에 소장 중이다.

화되면서 더 높은 수익에 목말라 있던 시기였다. 산업혁명에 성공해 그 어떤 유럽 국가보다 풍요로웠고 돈이 넘쳤다. 또한 위험에 대한 수용성도 높은 나라였다. 전쟁이 끝나면서 국채의 발행은 줄어들었다. 영국의 공공부채는 전쟁 전보다 2배나 늘었는데 (3.9억 파운드에서 8.6억 파운드), 전쟁이 끝나면서 축소되기 시작했다. 영국 투자자들은 해외투자에 관심을 가지게 됐다.

마침 남미의 여러 나라가 힘 빠진 스페인으로부터 독립을 쟁취하거나 국가를 재건하기 위해 돈이 필요하던 시점이었다. 남미 독립의 아버지라 불리는 시몬 볼리바르Simon Bolivar가 1822년 런던에 파견한 투자 유치단의 성공적인 채권 발행이 물꼬를 트면서 남미 전역으로 확산했다. 이 채권들은 6~7%가 넘는 높은 금리로 발행했는데 영국의 금리가 3%에 불과한 상황에서 매우 인기를 끌 수밖에 없었다. 걸리버가 소인국 채권을 발행해도 투자자들이 구름처럼 몰려들었을 것이라는 신문 기사의 표현으로 그 인기를 짐작할 수 있다. 이 열풍은 채권을 넘어 금광개발회사 등의 주식 발행으로도 이어졌다. 지금의 증권신고서에 해당하는 설명서에는 남미의 풍부한 금광 및 광산의 대성공을 기약하고 있었다. 비가 내리면 금 조각들이 여기저기 반짝거리고, 작은 금덩어리는 전부 버린다는 등의 말도 안 되는 환상의 어휘들이 난무했다.

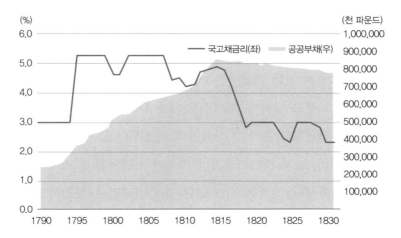

(%) 　　　　　　　　　　　　　　　　　　　　　　　　　　　(천 파운드)

▲ 프랑스 나폴레옹과의 전쟁이 끝난 후 영국의 채권 발행은 줄어들고 금리는 하락하기 시작
한다. 이 틈을 타고 남미 전역의 독립 열기에 편승한 고금리의 해외채권(지금의 이머징 채
권)은 유럽에서 날개 돋친 듯 팔려 나갔다. 당시 기사에는 『걸리버 여행기』에 나오는 소인
국 채권도 발행만 되면 팔릴 것이라 했으니, 당시의 해외채권 투자 열기를 짐작할 수 있다.

　　이러한 시대적 분위기를 이용해서 맥그리거는 본격적으로 포
야이스의 채권과 토지를 판매했다. 그 규모는 지금의 가치로 수
조 원에 이른다. 특히 해외 식민지가 없던 스코틀랜드에서 포야
이스에 대한 관심이 열광적이었다. 수백 명이 이민을 신청했고,
7척의 배가 대서양을 건너갔다. 신청자는 은행가, 의사, 공무원,
퇴직 군인 등등 직업도 다양했다. 떠나기 전 그들은 스코틀랜드
주화를 포야이스 은행에서 청구할 수 있는 지폐로 바꿔갔다.
　　두 달간의 항해 끝에 지금의 온두라스 근처 해안에 도달할 무

렵, 흥분한 이민자들은 갑판에서 최고의 코트와 가운으로 차려입고 포야이스 수도의 첨탑을 보기 위해 긴장하고 있었다. 그러나 배를 정박하기 위한 도선사는 나타나지 않았고, 실제 풍경은 안내서와는 너무도 달랐다. 가까스로 닻을 내린 곳은 항구로 보이기는커녕 버려진 황무지 그 자체였다. 애초부터 포야이스는 존재하지 않았다. 그저 맥그리거가 투자자와 이민자를 모으기 위한 미끼에 불과했다. 그들은 돈만 날린 것이 아니었다. 불행히도 풍토병과 배고픔이 이민자들을 집어삼켰다. 생존자들은 3분의 1에 불과했다. 그나마 다행인 건 이 소식이 전해지면서 후속 이민자들은 배를 돌려 송환할 수 있었다는 것이다.

사태가 들통나자 맥그리거 일당은 프랑스로 달아났다. 파리에서도 비슷한 방식으로 사기극을 벌일 속셈이었다. 하지만 엄격하게 출입국 관리를 하던 프랑스는 처음 보는 나라에 이민 신청이 쇄도하는 것을 의아하게 생각해 조사에 나섰고, 또 다른 비극을 막을 수 있었다. 맥그리거는 1827년까지 유럽 대륙을 떠돌다가 런던으로 돌아왔다. 그는 즉시 체포되어 수감되었지만, 어떤 이유에서인지 풀려났고 베네수엘라에서 삶을 마감했다.

맥그리거는 사실 원조가 아니었다. 이보다 100년 앞서 유럽 대륙에 투기의 광풍이 휩쓸면서 비슷한 식민지가 출현했다. 스코틀

돈의 거짓말

랜드 은행가이자 프랑스의 재무장관으로 '미시시피 버블'로 회자 되는 존 로John Law가 등장하면서다. 그는 역사상 최대의 금융 사 기범이라 불리고 현대적인 금융 시스템의 창시자라는 이중적 평 가를 받는다.

당시 미시시피 개발을 빌미로 파생된 금융 버블의 해결책은 뉴 올리언스를 중심으로 한 식민지 개발의 성공에 달려 있었다. 존 로는 식민지 개척민을 구하고자 독일 라인란트 지역으로 광고 팸 플릿을 들고 갔다. 30년 전쟁(1618~1648, 독일을 무대로 신교와 구교 간 벌어진 종교 전쟁)에 이어 절대왕정의 정점을 이룬 루이 14세의 폭 정, 종교적 박해 등으로 황폐해진 이 지역 주민들은 식민지 이주 에 쉽게 응할 것 같았다.

팸플릿에는 이렇게 적혀 있었다.

"금, 은, 구리, 납 광산으로 가득 찬 땅이다. 매년 4종의 곡물을 재배할 수 있고, 인디언들은 친절하고 대부분 부지런하다. 사슴 과 곰과 같은 사냥감이 풍부하고……."

그림과 묘사 모두 포야이스와 너무 똑같지 않은가? 불행히도 비극적인 결말 역시 똑같다. 억압을 피해 떠난 식민지 개척자들 을 기다린 건 미시시피 하구의 늪지대와 그 속에 숨어 있는 악어 떼였다. 대서양을 건너는 배 안에서 이미 많은 사람이 질병으로 쓰러졌다. 이 소식이 프랑스로 다시 전해지면서 그 유명한 미시

▲ 존 로가 이민자를 모집하기 위해 만든 팸플릿에는 친절한 근육질의 원주민에게 환대를 받는 사람들이지만, 실제로 그들을 맞이한 건 미시시피 하구의 늪지대와 그 속의 악어 떼였다.

시피 버블이 터지는 계기가 되었다.

앞에서 식민지 개발과 산업혁명이 이끌고, 뒤에서는 저금리와 막대한 유동성이 미는 상황은 없는 것도 쉽게 믿어버리는 환경을 만들었다. IT와 플랫폼 혁명과 같은 기술적 성취가 경제를 이끄는 지금과 오버랩되는 것은 나만의 착시일까? 더 높은 수익을 위해 위험을 감수하고, 시골 여기저기에서도 가상화폐의 그림자가 드리우는 것은 200~300년 전 유럽과 얼마나 다를까? 틀린 게 있다면 200년 전에는 하나의 국가 안에서 이루어진 일이 지금은 자

돈의 거짓말

본 유통의 속도가 빠르고 물리적 한계가 없는 시대로의 전환, 즉 스케일이 다르다는 점뿐이다.

: 내러티브와 가공의 가치

가공의 가치, 이전에는 존재하지 않던 미지의 대상을 파는 금융 사기는 무엇보다 투자자들을 설레게 한다. "나에게도 인생 역전의 기회가 이렇게 오는구나!" 하지만 검증할 수 있는 도구가 전혀 없다는 것이 맹점일 뿐 아니라, 설사 의심하더라도 이성의 눈이 멀 정도로 감동적인 내러티브가 붙어 있다.

우리는 이야기에 심취한다. 약하지만 정의감 넘치는 주인공이 여러 어려움을 극복하고 천하를 구할 힘과 기술을 익히는 것, 이 과정에서 만난 좋은 스승과 의리 있는 친구들이 힘을 모아 상황을 반전시키고 기어이 악당을 물리치는 서사는 동서양 모든 이야기의 원형이다.

손가락만 까딱해도 행성 하나를 우습게 날려버리는 타노스가 우주를 멸망시키고 세상이 끝장내 버리면 어벤져스 시리즈가 어떻게 존재할 수 있겠는가. 마지막 숨을 다해 사랑을 고백하는 이목백(주윤발 역)과 부디 숨을 아끼라는 수련(양자경 역)의 애절한 부탁이 교차하는 「와호장룡」의 마지막 장면에서 우리의 몰입은 절정에 이른다. 파란 여우의 독침 세례를 맞고도 해독제를 구하는 진부한 해피엔딩이었다면 옥에 티가 되었을 것이다. 어찌 보면 가족 사기단의 코미디에 지나지 않는 영화 「기생충」에서의 서사는 빈부격차의 구조적 문제, 계급 간과 계급 내의 갈등을 날줄과 씨줄로 엮어내면서 재미와 작품성을 인정받게 되었다.

내가 이 책을 쓰면서 부끄러운 개인사와 역사적인 사건들을 이어서 풀어나가는 이유 또한 같다. 내러티브가 있어야 오래 기억하고 깊이 저장한다.

상대방을 설득하는 데 있어 내러티브의 힘은 너무 강하다. 아무리 바보라 해도 직접 돈을 달라고 하거나, 이것저것 요구해 봐야 들어주지 않는다. 버스 터미널에서 구걸하는 이도 '시골에서 올라온 고학생인데 응급실에 실려간 어머니를 뵙기 위해 내려갈 차비를 빌려달라'는 안쓰러운 스토리로 무장한다. 이보다 교활한 금융 악당은 스스로 지갑을 열고 포야이스로 갈 바보들을 찾기 위해 내러티브를 동원하는 천재성을 발휘한다.

맥그리거가 단순히 6% 금리를 주는 중남미 신생 독립국의 채권을 판다고 했으면 지금 돈으로 수조 원에 가까운 규모를 벌어들일 수 있었을까? 금은광산 채굴권을 기초로 이미 판매되고 있

돈의 거짓말

는 해외채권(과거 식민지국들이라 현지 사정을 잘 아는)과 경쟁할 수 없었을 것이고, 금방 철창신세를 졌을 것이다. 맥그리거는 아예 유토피아에 가까운 국가 하나를 만들었다. 한마디로 소설을 써버린 것인데, 사람들은 이 소설을 철석같이 믿고 돈과 목숨을 다 갖다 바친 셈이다.

훌륭한 목사님이 바쁜 당신을 대신해서 간절하게 하나님께 기도해 주겠다는 선한 마음과, 그 결과 구원을 받았다는 이야기는 어떠한가. 겉으로 보면 너무 멋지지 않은가?

존 칼슨John Carlson 목사는 바쁘지만 간절한 소망을 가진 그들을 위해 대신 기도를 해주겠다고 했다. 웹사이트에 기도 대행료를 내자 하나님은 즉각 응답하시었다. 건강한 아이를 갖게 하고, 복권에 당첨되었으며, HIV 검사도 음성 판정 받았다는 복음 가득한 후기 아닌 후기들이 줄을 이었다. 5년간 미국 전역에서 16만 5천 명이, 한화로 따지면 80억 원이 넘는 기도 대행 수수료(?)를 보냈다. 목사는 개인에게 부담스럽지 않은 수준인 9~35달러를 받았으며, 아예 매월 얼마씩 지불하면 정기적으로 당신을 위해 기도해주겠다고 했다. 지금으로 보면 일종의 구독경제 서비스다.

하지만 그는 기도하지 않았고 존 칼슨 또한 존재하지 않는 인물이었다. 정확하게 말하면 기도를 했는지 안 했는지조차 모른다. 기도를 어떻게 평가하겠는가. 횟수, 시간, 신앙심의 깊이로 측정할 수 있겠는가? 있는 것은 검증할 수 있지만, 없는 것은 어디에서부터 들여다보아야 하는지 감을 잡을 수가 없는 법이다.

: 내러티브의 양념 '숫자'

정작 야구 경기 장면은 많지 않지만, 최고의 스포츠 영화라는 수식을 달고 다니는 「머니볼」은 숫자와 내러티브를 결합한 성공적인 사례다. 만년 하위권을 맴도는 가난한 구단은 그나마 남은 에이스마저 떠나자 위기를 맞게 된다. 선수 스카우트에 애를 먹던 단장 빌리 빈(브래드 피트 역) 앞에 예일대 경제학과 출신의 데이터 분석가이자 야구광인 피터 브랜드(조나 힐 역)가 나타나 새로운 방법을 제안한다. 기존의 스타 플레이어와 자본력으로 가르던 MLB의 승리 공식을 뒤집고, 철저히 확률과 통계에 기반한 전략을 구사한다. 타율보다는 득점에 직결되는 출루율을 중심으로 선수들을 값싸게 영입하고 내외부의 갈등을 극복해 결국 20연승이라는 대기록을 낳는다. 절망적인 상황에서 남들이 주목하지 않는 가치를 파악하고, 갖은 고난을 겪으면서 승자로 거듭나는 서사 과정의 핵심은 바로 숫자 그 자체다.

특히 황당한 금융 사기의 재료가 내러티브라면 숫자는 양념이

　　　　　　　　　　　　　　　　돈의 거짓말

다. 혹시라도 빼놓는다면 당최 맛을 못 끌어올리는 아주 중요한 양념 말이다. 물에 빠지면 입만 둥둥 뜰 것 같은 사람도 숫자를 부연하면 견고한 논리와 데이터 분석의 토대를 갖춘 사업가로 착각하게 만든다.

스탠퍼드대학교를 중퇴하고 테라노스라는 바이오테크 기업을 창업한 엘리자베스 홈즈Elizabeth Holmes는 단 한 방울의 피로 240가지의 질병을 진단을 할 수 있는 키트를 만들어 검사 비용을 90% 줄일 수 있다고 홍보했다. 쳐다보기조차 힘든 예리한 주삿바늘에 여러 차례 팔뚝을 내줘야 하고, 수천 달러의 검사비를 내야 하는 보통 사람들에게 진정한 메시아가 강림한 것이다. 제2의 스티브 잡스라는 칭송을 받았던 실리콘 밸리 아이돌의 거짓말에 '단 한 방울, 240가지, 90%'라는 숫자 대신 '소량의 혈액, 여러 검사, 비용을 크게 줄이는' 등의 표현으로 대체하면 그 호소력은 크게 떨어진다. 하지만 결과적으로 그녀는 현재 사기 혐의로 재판에 있다.

금융감독원 보도자료를 각색한 이야기를 보자.

홍콩과 뉴욕을 오가며 헤지펀드를 운용하던 전직 트레이더가 창업한 전문 투자그룹이 있다. 이곳은 AI 기반 최첨단 파생상품 자동매매 프로그램을 개발하여 손실 없이 무조건 매일 1~2%의 수익이 가능하다. 투자만 하면 매달 75만 원을 연금 형식으로 고정적으로 받을 수 있다.

이 사례에서 숫자가 빠져 버리면 금융 사기의 냄새를 지울 수 없다. 하지만 1~2%의 수익, 매달 75만 원이라는 숫자는 어감상 과해 보이지 않기 때문에 더욱 신뢰감을 얻을 수 있다.

숫자를 악용한 사례는 금융 사기에만 있지 않다. "1999년 7월 하늘에서 공포의 대왕이 내려올 것이다." 1999년 세상이 멸망한다는 노스트라다무스의 예언은 세기말의 뒤숭숭한 분위기와 1991년 이라크 전쟁이 발발(세계대전의 전초)하면서 맹렬한 기세로 퍼지기 시작했다. 세계 도처에서 10억여 명의 사람들이 일시에 사라지는 대사건이 벌어진다는 일명 '휴거(예수가 세상을 심판하기 위해 재림할 때 구원받는 사람을 공중으로 들어 올리는 것)'가 일어나는 시점은 정확히 1992년 10월 28일 자정으로 제시되었다. 요한계시록 종말 부분에 7년간 짐승이 지배하던 시기를 노스트라다무스가 예언한 종말 시점인 1999년에서 빼면 1992년이 된다. 10월은 예수를 상징하는 십자가를 의미하고, 28일은 별을 연상시키므로 휴거 시점을 추론한 숫자의 근거가 됐다. 이 종말론을 믿은 맹신도들은 학업이나 생업을 그만두거나 재산을 교회에 바쳤고, 더 극단적인 사례도 많았다.

믿든 안 믿든 모든 사람은 그럴듯한 숫자가 범벅이 된 그날만을 기다렸다. 다음 날 일찍 전공 수업이 있었던 나도 도무지 잠을 이룰 수 없었다. '신앙이 없는 나만 남으면 어쩌지? 짐승들을 피하려면 어디에 숨어야 하나?' 드디어 운명의 카운트다운이 시작됐고 미국 CNN을 포함해서 수많은 취재진이 몰린 가운데, 휴거의 순간을 위한 생중계가 시작됐다. 하지만 대망의 그날 그 시점에 공포의 대왕을 본 사람도, 하늘로 오른 사람도 없었다. 이후에도 짐승이 지배하는 시기나, 인류의 멸망은 없었다.

▲ 휴거 다음 날 신문 기사, 《경향신문》, 1992년 10월 29일

당시 휴거 소동을 주도한 목사의 집을 수색한 결과 1993년 5월 22일이 만기인 3억 원짜리 환매조건부채권RP이 나왔다고 한다. 1992년 10월 28일에 휴거가 발생할 것이라고 믿었다면 이런 투자를 할 리 있었을까. 이에 대해 목사는 교활하기 짝이 없는 변명을 내놓았다. "나는 이번 10월 28일의 휴거 대상자가 아니고 환란 시대에도 지상에 남아 순교해야 할 운명이다. 이 돈은 그때 활동비로 쓰려고 준비한 것이다." 결국 검찰은 목사를 사기 혐의로 구속했고, 법원은 그에게 징역 1년과 2만 6,000달러 몰수형을 내렸다.

스티브 잡스의 키노트 스피치는 상징적인 숫자를 먼저 보여주고, 전에 없던 기능으로 제품을 증명한다. 소비자가 누릴 수 있는 가치를 숫자를 통해 보여주는 방식이다. 내러티브와 결합한 숫자는 상대방을 설득하는 최고의 도구다. 하지만 악당의 흉기로 쓰이는 숫자에는 스티브 잡스와 다르게 '증명'이 빠져 있다. 멋진 내러티브와 단정적인 숫자에 근거한 예측은 금융 사기거나 생활 사기라고 의심해야 한다. 세상일에 확정적인 게 어디 있던가. 숫자는 과학을 표현하는 도구일 뿐 확정적 미래를 제시하는 결과물이 될 수 없다.

인구의 30%가 비만인 사회에서 매년 10%의 비율로 비만율이

돈의 거짓말

높아진다는 가정은 12년 후에 모든 인구가 비만이 된다는 결과를 가져온다. 이러한 주장을 앞세워 노동력을 상실한 경제 몰락을 피해 하루라도 빨리 이민해야 한다는 이민 브로커의 말은 사실일까, 거짓일까? 계산은 맞지만 현실은 그렇지 않다. 이성을 발휘할 줄 아는 사회와 지도자라면 경계심을 갖고 대처하는 계기로 삼을 것이고, 효과가 발휘되는지 점검하는 척도로 그 숫자들을 사용할 뿐이다.

✦ A lie about money ✦

2부

금융 바보가
되지 않기 위한 원칙

생활 사기와 달리 금융 사기를 일삼는 악당들은 당신보다 훨씬 똑똑하고 조직적이며, 경험의 토대 위에서 움직인다. 1부에서 나열한 사례들을 아무리 익힌다고 해도 속지 않는다고 단언할 수 없다. 악당들은 마치 경극 배우가 가면을 순식간에 바꾸는 것처럼 알아채기 힘든 여러 장치와 노력을 동원한다. 존재하지 않는 포야이스 공화국이 200년이 지난 지금 '잡코인'으로 환생하듯 말이다.

투자에 뛰어들기 위해 갖추어야 하는 가장 중요한 덕목은 대상을 제대로 파악하고 평가하는 힘이다.

$$가치 = 이익(현금흐름) / 할인율$$

이 단순한 나눗셈이 모든 금융시장, 주식시장을 떠받치는 평가의 원리다. 이 셈을 위해서는 현금흐름을 뽑아내고, 어떤 할인율을 적용할 수 있는지 알아야 한다. 익숙해진다면 꼭 금융자산이 아니더라도, 새로운 상대나 상황에 대응하는 사고 체계를 기를 수 있다.

"저 언덕 넘어 희미하게 다가오는 짐승은 내가 기르는 개인가, 아니면 나를 해치러 오는 늑대인가…."

2장은 개와 늑대를 가려내기 위한 가장 기본적인 태도에 대한 당부다.

01 모든 투자는 할인율로 통한다

무릇 움직이는 것은 나뭇가지도 아니고,
바람도 아니며, 네 마음뿐이다.
— 영화 「달콤한 인생」에서

: 왕도 못 다스리는 할인율

영국의 찰스 2세(재위 1660~1685)는 늘 네덜란드와의 전쟁 준비를 하느라 여념이 없었다. 신대륙 확장과 식민지배권 확보는 국가의 미래가 달린 일이었고 해양패권의 선두 주자 네덜란드는 영국에 늘 걸림돌이었다. 지금의 코로나19는 명함도 못 내밀 정도로 심각했던 흑사병이 휩쓸고, 세인트 폴 대성당까지 잿더미로 만들어버린 런던 대화재에도 찰스 2세는 아랑곳하지 않았다. 예나 지금이나 전쟁에는 많은 돈이 드는 법. 요즘처럼 정교한 국채 발행 시스템이나 세금을 조달하는 방법이 없던 시절이라 찰스 2세는 고민이 많았다.

현금이 모자라면 뭐가 필요할까? 대출, 영끌이 정답이다. 찰스 2세는 런던의 금세공업자들에게 돈을 빌리기로 했다. 차용증이라고 하면 정교하게 인쇄되고 휘장과 직인이 찍힌 문서로 생각하지만, 그가 만든 건 나무 막대기에 불과했다. 일명 탈리Tally 막대기. 빌린 돈의 크기, 상환 시기 등을 기재하고 막대를 분할한 뒤 반쪽씩 나눠 보관하는 방식이었다. 지엄하신 왕이 발행한 막대기였으니, 나무 막대기가 금보다 훨씬 많이 있다고는 의심하지 않았다.

▲ 탈리 막대. 채무의 내용을 기록하고 쪼개어 서로 나눠 가지는 원시적인 형태의 차용증이다.

돈의 거짓말

통념적으로 왕王은 국가로 일컬어졌고 국가는 가장 안전한 국채와 동일시할 수 있는 시대였다. 하지만 당시 왕이 발행한 막대기 채권은 국채가 아닌 왕채, 즉 왕의 개인 신용에 근거한 것이었다. 영국 왕실은 빈번하게 채무불이행을 선언한 상습적인 불량 채무자, 더 심하게 말하면 연쇄 사기범이었다. 앞서 에드워드 3세는 전쟁 때문에 진 빚을 적국에 받아낸 배상금과 포로의 몸값으로 갚는 비즈니스 수완을 발휘했는데, 배상금이 예상에 못 미치면 피렌체와 제노바의 도시 국가들에 빌린 돈을 떼어먹곤 했다. 찰스 2세 역시 이 습성을 못 버렸는지 1672년 런던 금세공업자들에 진 빚을 갚지 않겠다고 선언했다. 이로써 탈리 막대기는 본래의 용도인 장작으로 돌아가게 되었다.

왕이 빈번히 돈을 떼어먹는 판에 영국의 금리는 높을 수밖에 없었고 명예혁명 이전 금리는 10%를 훌쩍 뛰어넘었다. 반면 국가의 권력과 민간의 신용 화폐를 결합해 안정적인 금융 시스템을 갖춘 네덜란드의 금리는 4% 수준에서 매우 안정적인 모습이었다.

변곡점은 명예혁명이었다. 왕조차 돈을 안 갚는 나쁜 습관과 문화가 바뀌는 결정적인 계기를 맞이한 것이다. 1688년 명예혁명이 일어나고 금융 선진국 네덜란드의 오렌지 공Prins van Oranje이 영국의 왕(윌리엄 3세)으로 등극하게 된다.

윌리엄 3세 역시 지속적으로 대양의 패권을 위해 해군력을 유

▲ 찰스 2세(Charles II)와 윌리엄 3세(Willem III van Oranje). 찰스 2세는 해양패권을 두고 네덜란드와 경쟁하면서 많은 돈을 빌렸지만, 1672년 채무불이행을 선언하는 등 부르주아지와 많은 갈등을 겪었다. 윌리엄 3세는 조세를 담보로 영란은행을 설립하면서 근대적인 은행 시스템을 만들어 만성적인 금융 불안정을 해소했다.

지해야 하는 압박감이 있었다. 그는 여기에 필요한 재원을 조달하기 위해서는 과거와 같은 불안정한 방식으로는 불가능하다는 것을 알고 있었다.

여기서 국가와 상인 계급 간의 공식적인 동맹이 형성된다. 1694년 영국의 상인 계급들은 영란은행bank of England을 설립하는 자본금을 내주었고, 여러 관세와 물품세를 담보로 잡았다. 장래의 조세를 담보로 할 뿐 아니라, 항상 왕권과 대립하던 의회의 동의까지 얻었으니 채무불이행을 대비한 이중, 삼중의 안전장치를

돈의 거짓말

갖추게 된 것이다. 이를 기점으로 영국의 금리는 급격히 하락하고 20년 정도 지나 네덜란드의 수준에 근접하게 되었다.

어떠한 자산이든 평가를 하는 데 출발점이 필요하다. 특히 대량으로 빈번하게 거래되는 금융자산의 경우 많은 사람이 동의하는 기준점이 있어야 할 것이다. 이 기준점을 무위험 수익률이라고 하고, '국채의 금리'라고도 한다. 국채 금리가 올라갔다고 하면 화들짝 놀라 간밤에 뉴욕증시가 발작을 일으켰다는 뉴스를 접하게 되는 이유는 무엇일까?

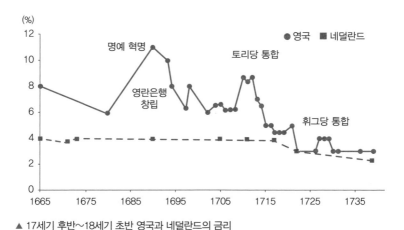

▲ 17세기 후반~18세기 초반 영국과 네덜란드의 금리

：국채 금리는 왜 평가의 기준일까?

누구나 돈을 빌리려면 담보를 제공하거나 당사자의 신용, 즉
안정적인 벌이가 있는지를 확인해야 한다. 그렇다면 국가의 담보
또는 신용은 무엇인가? 바로 세금을 걷을 수 있는 독점적인 힘을
가진다는 데 있다. 조폭들이 시장 상인들에게서 갖은 명목으로
돈을 뜯는 비즈니스 모델과 달리 국가의 조세징수권은 합법적이
다. 또한 강제적이다. 38세금기동대가 새벽닭이 울기도 전에 탈
세자 집의 철문을 뜯고 들어가 금고를 부숴도 이는 국가나 지자
체가 행사하는 정당한 공무집행이고, "속 시원하게 일 잘하네!"라
는 말을 들을 정도의 칭찬거리가 된다.

월급 명세서의 가장 밑에 자리 잡은 근로소득세, 편의점에서
받은 영수증에 적혀 있는 부가가치세, 수익의 유무와 상관없이
주식을 팔 때 무심하게 공제되는 증권거래세 등등 아무리 피하려
고 해도 그럴 수 없는 치밀한 조세 시스템이 강제력의 원천이다.
앞에서 보았던 남북전쟁 당시 남군이 패한 결정적 이유도 조세
징수 시스템이 잘 돌아가지 않아 전비를 댈 수 없었기 때문이다.

2020년 국세 징수액은 총 300.6조 원(국세청 통계)이다. 삼성전자
매출이 260조 원으로 한 해 국세 규모에 육박하지만, 강제력과
독점력을 지니지는 못한다. 핸드폰 갤럭시 신제품이 나왔다고 모

돈의 거짓말

든 국민에게 강매할 수 없는 노릇이고, 애플 같은 더 큰 경쟁자가 시장을 대체할 수도 있다. 하지만 국가는 그렇지 않다.

국채를 살 게 아니니까 관심 없다고? 중요한 것은 담보와 신용이 '국가의 그것'과 유사한 자산이라면 국채의 할인율을 적용해서 평가할 수 있다는 것이다. 그 반대라면 높은 할인율을 적용해야 한다.

동네 입구에 커피 전문점이 나란히 붙어 있다고 가정하자. 유동인구가 많지는 않지만 동네 사람들이 꼭 지나가는 좋은 입지에 있다. A 카페의 주인은 아프리카 오지의 커피 농장까지 가서 좋은 원두를 구매한다. 전문적인 바리스타 과정을 거쳤고 직접 원두를 내리므로 커피의 품질 역시 손색없다. 작지만 자가 건물의 담보대출로 초기 사업비를 충당했고, 임대료 걱정이 없다는 게 큰 위안이다.

B 카페의 주인은 커피는 잘 모른다. 부자인 부모가 차려준 유명 브랜드 가맹점을 알바에게 맡기고 일주일에 하루 이틀 나가는 게 전부다. 그 마저도 알바가 그만두거나 안 나왔을 때 어쩔 수 없이 자동 커피 머신을 다루기 위해서다. 오랫동안 비어 있던 가게라서 싼 임대료에 구했지만, 원가 중 가장 큰 비중을 차지한다.

첫해 연간 매출은 두 가게 모두 동일하다. 차이점은 A 가게는 매달 1,000만 원 내외로 매출이 일정하고, B 가게는 어떤 달은

1,500만 원 그다음 달은 500만 원으로 불규칙하다는 차이가 있다. A 가게는 일단 임대료 부담이 적고, 원가가 일정(원두 구매도 장기적이고 종업원을 쓰지 않음)하므로 세금까지 제한 순이익률이 40%에 이른다. B 가게는 매출이 일정치 않다 보니 재고 관리 실패로 원두를 버리는 경우도 많고, 알바비에 가맹점 수수료까지 제하고 나면 10% 남짓한 순이익이 남는다. 두 가게의 매출 차이는 점점 벌어진다. A 가게는 입소문을 타고 손님들이 멀리서도 찾아오고 원두만 직접 사 가기도 한다. 점점 이익률이 높아지는 데 크게 기여한다.

  B 가게는 브랜드 명성으로 잘 버텼지만, 문 여는 시간과 커피 맛이 일정치 않다 보니 단골이 생길 수 없다. 매출의 하락과 불규칙함은 더 커진다. 대안으로 베이글과 팥빙수를 팔아봤지만 신통치 않던 차에 가맹점 대표의 갑질이 언론에 보도되면서 브랜드도 소용없게 되었다.

  실제 내가 접한 두 가게를 시공간의 차이만 무시하고 옮겨다 놓았다. A 가게는 명동성당 근처 직장인들의 명소가 된 곳이고, B 가게는 내가 사는 동네의 대형 브랜드 카페다. 좀 과장된 설정일 수 있지만, 극단적으로 대비해 이해를 높이고자 했다. 이 두 가게가 상장된 주식이라면 어떻게 평가할 것인가? 매출과 이익률을 알고 있으니 최종 이익, 즉 주당순이익EPS은 쉽게 구할 수 있다. 여

돈의 거짓말

기에 업종 평균 주가수익률PER을 곱한다? 그럼 당신은 주가가 싼 B 가게를 사서 비자발적 장기투자, 한마디로 '존버' 끝에 상장폐지의 아픔을 겪을 가능성이 크다.

A 가게의 경우, 매출과 이익률이 매우 안정적이다. B 가게가 폐업하면 그 동네의 유일한 카페로 자리매김할 수 있을 뿐만 아니라, 멀리서 찾아오는 원두 구매자를 줄 세울 수 있는 일종의 독점적 지위를 누릴 수 있게 된다. 즉 독점과 높은 마진율, 게다가 자가 건물이라는 확실한 담보 장치를 기반으로 국채의 할인율을 적용할 수 있는 주식이다. 업종 평균보다 훨씬 비싸게 주가가 형성될 것이다.

⠸ 플랫폼과 국가

국채의 할인율 개념을 우리가 매일 접하는 네이버, 카카오, 구글 등 플랫폼 기업 평가에 적용해 보자. 애널리스트로서 펀드 매니저, IB 전문가 등을 주로 만나지만 이들 역시 개미 투자자들과 같이 할인율의 개념이 없는 경우가 대부분이다. "시장 PER이 10배인데, 아무리 성장주 콘셉트의 플랫폼 기업이라 해도 PER 50배면 너무 높은 거 아니야?"라는 반응이다. "은행주는 4배밖에 안 되는

데 그거 사지", "한전 배당이 얼마인데" 하는 비교 같지 않은 비교를 매우 진지한 표정으로 한다. 대상의 속성을 파악하지 않고 비교 평가할 때 쉽게 빠지는 함정이다.

플랫폼이야말로 21세기 국가와 다름없고, G7을 제외한 웬만한 국가보다 훨씬 나라다운 구석이 많다. 눈 뜨면 네이버 뉴스와 관심 카페의 글을 보면서 하루를 시작하고, 24시간 카톡으로 상사 또는 엄마의 잔소리를 받으며, 구글 검색으로 전문가 행세를 할 수 있는 세상이다. 지상파 방송에서 개그 프로그램을 폐지하자 개그맨들이 유튜브에 안착해 더 자유롭게 창작에 몰두한다. 우리는 이들을 보는 걸 공짜라 생각하지만 플랫폼들은 광고, 입점 수

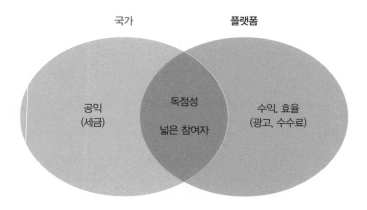

국가　　　　　　플랫폼

공익
(세금)

독점성

넓은 참여자

수익, 효율
(광고, 수수료)

▲ 국가와 플랫폼의 공통점

　　　　　　　　　　　　　　　　　돈의 거짓말

수료와 같은 알토란 같은 수익 구조를 갖춰나간다. 이게 독점적이고 강제적인 세금이 아니면 무엇인가?

세상의 모든 사람을 대상으로 독점적이고 합법적으로 돈을 버는 구조를 갖춘 기업이라면 이들을 평가하는 데 있어 국가, 그것도 미국 국채의 할인율을 적용해서 가치를 부여할 수 있는 것이다. 미국 국채 금리가 2%라면 정확히 PER 50배가 되는 것이다.

독점을 넘어 단일한 생태계를 만들고 막대한 이익을 긁어 모은 기업이 국가와 같은 가치 평가valuation를 받은 사례는 어제오늘의 일이 아니다. 일본의 거품 경제가 꺼져가던 1980년대 중반 '닌텐도'라는 혁신적인 기업이 이름을 알리기 시작한다. 슈퍼 마리오라는 캐릭터에 숨을 불어넣은 닌텐도의 게임 콘솔은 전 세계 10대 초반 아이들이 있는 가정을 중심으로 날개 단 듯 팔려나갔다. 게임기의 수익성은 높지 않았지만, 새로운 게임 카트리지 판매와 각종 로얄티를 통해 만회했다. 인터넷을 통한 게임 업데이트가 없던 시절이었으므로 새로운 게임을 하려면 게임 소프트웨어가 내장된 카트리지를 바꿔 끼워야 하는 방식이었다. 닌텐도는 기존 게임에 식상해질 만하면 새로운 카트리지를 내놓고 10대들이 있는 가정으로부터 세금을 거두듯 꾸준히 돈을 벌어들였다. 미국에서는 콘솔당 평균 8개의 카트리지를 구매했다고 하니, 6개월에 한 번씩 바꾼다는 가정을 하면 4년 동안, 즉 게임에 흥미를 잃어가는 10대 중반까지 지속적으로 징수했던 셈이다. 점유율이라는 게 의미가 있을지 모르겠지만 90~95% 선이었다고 한다.

당시 콘솔 게임기 산업은 지금의 플랫폼 기업과 같은 독점이자 하나의 생태계로 작동했다. 하드웨어에 해당하는 콘솔 게임기 제작에 참여하는 부품 업체들은 당연히 닌텐도가 요구하는 성능을 값싸게 납품해야 했다. 소프트웨어에 해당하는 게임을 개발하는 협력 업체는 닌텐도의 엄격한 검열을 거쳐 시장에 공급될 수 있었고 정해진 마진만 가져갔다. 개발 위험을 짊어진 데 비해 닌텐도보다 작은 마진이었고, 매년 개발할 수 있는 게임의 개수를 5개로 한정하기도 했다.

열광적인 10대 소비자들의 손에 게임기와 카트리지를 쥐어주려면 월마트와 토이저러스 같은 소매업체들을 거쳐야 하는데, 이들에게도 닌텐도는 갑이었다. 소매업체는 판매와 동시에 닌텐도에 대금을 지급해야 했고, 항상 주문보다 적은 물량을 배정받는 방식에 길들여졌다. 공급자-판매자-소비자 모두 닌텐도가 만들어놓은 질서에 따라 만들고, 팔고, 쓰고 그다음 정해진 몫을 하사받는 구조와 다름없었다.

이 당시 닌텐도의 이익 성장은 놀라울 따름이다. 1985년 98억 엔이던 순이익이 매년 40%씩 성장하면서 7년이 지난 후 10배 가까이 늘어난다. 이때 닌텐도 주가에 대한 평가는 독점적 생태계를 구축한 기업에 대해 낮은 할인율을 적용할 수 있다는 적나라한 사례다. 세상 가장 안전한 자산인 미국 국채가 8~9%의 할인율을 보인 데 반해, 닌텐도 주가에는 3.4%(1984~1990년 연평균)에 불과했다. 가장 낮은 해였던 1985년에는 2.1%까지 내려갔다.

영화 「설국열차」에서 묘사된 것처럼 협력적이지 못한 생태계는 오래 갈 수 없는 법이다. 열차를 떠나도 얼어 죽지 않는다는 것을 알아채는 순간 질서는 깨질 수밖에 없다. 세가SEGA, 소니 SONY, 마이크로소프트Microsoft와 같은 후발 경쟁자가 나타나면서 닌텐도가 창조한 견고한 생태계에 균열이 일어났다. 허접한 8비트 게임에서 최대한 이익을 짜내고 있다가 16비트 게임기를 들고나온 경쟁자에 쉽게 시장을 내주었다. 1989년 세가가 미국 시장에 16비트 게임기를 내놓고, 1995년에는 소니가 32비트 게임기를 출시하자 게임 시장은 그야말로 난장판이 되고 만다. 열차의 꼬리 칸에 머물러야만 했던 게임 개발사는 기다렸다는 듯이 경쟁자들과 손을 잡았다. 독점의 달콤함, 기득권의 성채에 갇혀 있던 닌텐도는 힘을 잃어버렸다. 수익성도 주가의 가치 평가도 같은 운명을 맞이하게 된다. 정확하게 이 시점부터 닌텐도 주가에 반영되는 할인율이 높아지는 것을 다음 그림에서 확인할 수 있다.

▲ 닌텐도 주가 할인율 vs. 미국 국채 할인율(시장 데이터 바탕으로 재구성)

: 없는 게 많아야 좋은 투자 대안

경쟁자가 아무도 없고, 매년 30%의 자기자본수익률ROE을 얻는
독점 기업이 있다고 가정하자. 사실 독점을 다르게 표현하면 소
비자의 선택권을 제거하고, 가격 경쟁이 없다는 의미다. 외형만
보면 국가의 조세징수권과 같은 힘을 지닌다.

30% ROE에 국채의 할인율 1.5%로 계산하면 주가순자산비율
PBR 20배라고 표현한다. 국채에 투자하면 1.5%를 받는데, 국가와
비슷한 돈벌이 구조를 가진 기업이 30%의 수익을 돌려준다면 그

돈의 거짓말

가치는 국채 대비 20배가 된다는 아주 간단한 논리다. 속성에 대응하는 비례식에 다름 아니다.

증권거래소가 그 사례다. 각국의 증권거래소는 거의 독점이다. 대부분의 국가는 1개 또는 특화된 거래소(우리는 코스닥 시장)를 중심으로 운영된다. 증권거래소에는 없는 게 너무 많다. 경쟁자도 없고, 사업의 위험도 없다. 거래하면 나오는 수수료와 각종 거래 데이터를 가공해서 팔아먹는 수수료, 이 시장에 들어오기 위해서 상장 기업들이 내야 하는 IPO 수수료 등등 이곳에는 그 어떤 위험도 내재되어 있지 않다.

보통 금융회사들은 대출을 회수하지 못하거나, 투자에서 손실이 생기거나, 스치기만 해도 드러눕는 나이롱 환자에게 너무 많은 보험금을 지급하거나, 하다못해 전국 각지에서 월세를 내면서 지점을 운영해야 한다는 다양한 위험과 비용을 짊어진다. 거래소에는 그런 것이 없다. 수수료 떼어먹는 투자자가 없고, 재고도 없고, 월세도 없다. 따라서 많은 자본도 필요 없고, 이익을 유보해 놓을 필요가 없으니 배당이 높다.

무엇이든 반증이 더 명징한 법이다. 다음 그림은 미국 금융회사들이 시장에서 어떤 평가(PBR 지표)를 받는지를 보여준다. 위에 설명한 여러 위험을 떠안고 장사하는 일반적인 금융회사들은 매우 낮은 평가를 받는다. 반대로 대척점에 있는 거래소와 금융 데

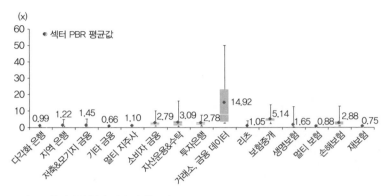

▲ 미국 금융산업 유형별 시장 평가(PBR)

이터 서비스 업체들은 월등히 높은 평가를 받는다.

독점이 아닌 서너 회사가 과점하는 경우도 있다. 국가가 발행하는 면허에 의해 시장이 보호되고 있는 경우다. 신용평가업이 대표적인 사례다.

기업과 국가가 채권을 발행하려면 신용등급을 받아야 한다. 이를 일정하게 관리해야 낮은 금리로 필요한 시점에 채권을 원활하게 발행할 수 있는 것은 상식이다. 이때 신용등급은 보통 2개 또는 3개의 신용평가사에서 받아야 한다. (견제와 균형의 원리가 작동한다고 할까?) 무디스와 S&P 같은 글로벌 신용평가사들이 등급 조정은 고사하고, 전망만 내려도(앞으로 지켜보겠다는 시그널) 해당 국가는

돈의 거짓말

그야말로 난리가 난다. 미국 신용등급 강등 사태가 있었던 2011년의 사례를 기억해 보자. S&P는 미국 연방정부의 부채가 GDP 규모를 넘어선 점을 지목하면서 미국이 발행하는 국채의 신용등급을 AAA에서 AA+로 한 등급 내렸다. 미국의 신용등급 하락은 국가별 신용등급이 발표되기 시작한 1941년 이후 70년 만에 처음 있는 일이었다. 전 세계의 금융시장이 혼돈에 빠졌다. 그중에서도 한국 주식시장의 하락 폭이 유난히 컸는데 무려 3.82%나 하락했다.

미국의 경우 무디스, S&P, 피치Fitch 세 곳이 글로벌 신용평가 산업을 과점 분할하고 있고, 우리나라도 세 곳의 회사가 과점을 이루고 있다. 피치는 상장이 안 되어 있고, 무디스와 S&P는 뉴욕증권거래소에 상장되어 있다. 이들 주식은 도대체 얼마일까? PER이라는 이익 대비 지표로는 50배가량이다. 환산하면 할인율은 2%라는 의미다. 미국 국채와 비슷하다.

멀리 갈 것도 없다. 한국 시장에 상장된 모 신용평가사를 예로 들어 보자. ROE 20%를 꾸준히 달성하고 있는데, PBR은 3배 정도다. 할인율이 6% 정도 적용된 셈인데, 금융회사들이 평균 15% 할인율을 적용받는 데 비해 현저히 낮다. 그 배경에는 20%가 넘는 높은 수익성이 근간이고 금융감독 당국에서 더 이상 라이센스를 내주지 않기 때문에 경쟁 부담이 낮다. 기업들은 언제나 자금 소요가 있고, 신용등급을 관리해야 하지만 신용평가사는 몇 군데 없는 구조다. 경기가 나빠지면 자금 조달 수요는 더 늘어난다. 신용평가사는 경기를 타지 않는다. 기업들의 자금 조달 필요성이 이 회사 사업의 출발점인데, 정작 이 회사는 자금을 조달할 일이 없다. 거래소 못지않게 본질적인 사업 위험, 경쟁자, 자본 확대의 필요성 등등 없는 게 많아서다.

거래소와 신용평가사 모두 위험을 지지 않으면서 돈을 벌 수 있는 구조고, 독점 또는 과점이 국가로부터 허용된 형태다. 이게 할인율의 요체다. 이러한 특성을 지닌 기업이라면 낮은 할인율을 적용할 수 있다. 반대로 찰스 2세처럼 안정적인 세금 징수를 할 수 없고 항상 돈 쓰기 바쁜(전쟁 비용, 설비 투자 등) 대상은 '왕채'라고 해도 높은 할인율을 적용할 수밖에 없는 것이다.

300년 전 영국이나 지금이나 이러한 평가의 기초에는 변함이 없다. 평소 자신의 행동과 말이 일관성을 지니는지, 아니면 갈대와 같이 변덕스러운지 돌아봐라. 찰스 2세와 닮았는지 나스닥 거래소와 닮았는지 오버랩해 보는 것도 좋다. 그게 당신을 바라보는 타인의 평가다.

: 투자의 행동 기준이 되는 할인율

반대의 경우도 적용할 수 있다. 나의 취미 중 하나는 상장된 기업들의 비즈니스 모델을 분석하는 것이다. 재테크의 필요로 시작했지만, 좋은 모델을 가진 기업들을 보면 '일단 회사를 옮겨볼까?' 하는 생각이 들고(주로 이력서 쓰기 귀찮아서 실행에 옮긴 적은 없다) 그다음으로는 삶의 교훈, 즉 이러한 성공 원인을 내 삶의 태도에도 접목하고자 위해서다.

주로 미국 기업을 보다가 독일 기업 중에는 좋은 모델이 없을까 하는 의문이 들었다. 친구가 상대하는 고객의 회계 담당자가 독일인인데 바늘도 안 들어갈 정도로 깐깐해서 일하기 힘들다는 푸념을 들은 터였다. 글로벌 기업에서 독일인이 회계와 감사 부문에서 특히 인정받는데, 엄격하고 일관성 있는 기질이 뚜렷해서라고 한다. 독일에 갔을 때 받은 인상도 비슷했다.

벤츠를 시작으로 훑어보다가 독일이 앞선 정밀기계와 자동차는 글로벌 후발 주자들과의 경쟁에서 마진과 점유율 하락으로 돌아설 수밖에 없을 것 같다는 확신만 굳어졌다. 이때 30도 각도의 주가 상승을 꾸준히 보여주는 생소한 차트를 발견했는데, A라는 바이오 장비 제조 기업이었다. 말이 장비지 큰 바이오, 제약기업들의 실험실에 정밀 주사기 및 배양 설비 등을 맞춤형으로 납품하는 기업으로 업력은 120년이 넘었다. 중요한 점은 연구자들은 대학 실험실에서 쓰던 장비와 소모품을 가급적 바꾸기 싫어하고, 일관성 있는 연구 결과를 위해서도 쉽게 바꿀 수 없다는 것이었다. 그래서 이 시장은 매우 독과점 구조를 지니고 있고, 자연스럽게 높은 마진이 잘 유지된다. 글로벌 제약사들은 신약 개발에 실패하면 개발비를 다 날리지만 이렇게 중간 단계에서 독점하는 회사들은 꾸준히 돈을 벌 수 있다. 소액의 투자를 하면서 점검한 것은 시장점유율과 이익률이 지켜지는가에 있었는데, 역시 독과점의 힘은 강했다.

여전히 비즈니스 모델과 수익성은 견고하지만 3년간 보유한 지분을 처분하기로 했다. 이유는 단순하다. 이런 기업들은 PER 50배, 즉 국채와 맞먹는 2%의 할인율을 적용해도 좋은데, PER 100배 즉 1%의 할인율까지 내려간 것이다. 미국 국채 금리가 더 내려가기 전에는 합리적이라고 판단하기 힘들어졌다. 나의 판단이 옳은지 그른지는 시간이 지나야 알 수 있겠지만, 중요한 건 어떤 평가를 하든 행동을 실행에 옮기든 자기만의 견고한 기준이 있어야 한다는 것이다.

어느 맑은 봄날, 바람에 이리저리 휘날리는 나뭇가지를 바라며 제자가 물었다.

"스승님, 저것은 나뭇가지가 움직이는 것입니까? 바람이 움직이는 것입니까?"

스승은 제자가 가리키는 것을 보지도 않은 채 웃으며 말했다.

"무릇 움직이는 것은 나뭇가지도 아니고, 바람도 아니며, 네 마음뿐이다."

— 영화「달콤한 인생」에서

수익성과 할인율은 평가의 기준이 된다. 이 둘이 변하지 않으면 가치는 고정되는 것이다. 그런데 시장에서 가치는 계속 바뀐다. 그것은 둘을 판단하지 못하고 확신이 부족한 나의 마음이 움직이는 것일 뿐이다.

02 Less is More

> 완전함이란 더 이상 보탤 것이 없는 상태가 아니라
> 더 이상 뺄 것이 없는 상태를 말한다.
> — 생텍쥐페리Saint Exupery, 『인간의 대지』 중

： 도쿄에 내려온 공포의 대왕 '깡통'

미야자키 하야오의 애니메이션 「바람이 분다」는 작가의 명성에 비해 국내에서의 흥행은 신통치 않았다. 태평양전쟁 당시 일본해군의 그 유명한 전투기 '제로'를 만든 항공공학자의 이야기로, 작가의 전작들과 마찬가지로 군국주의에 대한 은유 섞인 비판, 전쟁 속에 희생된 보통 사람의 이야기를 그리는 반전 메시지가 기저에 깔려 있다. 무엇보다 바람을 매개로 사람들의 만남과

꿈, 무의미한 희생 등을 세밀하고 담담하게 그려내는 표현력이 인상적인 작품이다. 하지만 바람에 나부끼는 히노마루(일장기)의 장면이 거북스럽고, 침략 무기를 만든 일본 제국주의 앞잡이를 미화하느냐는 비판이 일면서 국내에서는 흥행하지 못했다.

늦여름 정오 도쿄를 향하는 기차, 바람에 날아가는 모자를 잡아주면서 남녀 주인공의 첫 만남이 이루어진다. 바로 직후 지축이 흔들리는 동시에 기차가 탈선하고 재앙이 시작된다. 1923년 관동 대지진은 그렇게 시작되었다. 보통의 지진이라면 건물이 무너지는 피해가 가장 크지만 당시 도쿄는 화재로 인한 피해가 더 컸다. 거센 바람이 불길을 사방으로 옮게 만들었고 거대 도시는 맹렬히 타올랐다. 탈선한 기차 밖에서 주인공이 내려다보는 도쿄 시내의 광경은 연옥이나 다름없었다.

지진 피해가 컸던 이유는 도쿄에 목조 건물이 많았던 탓이다. 9월 1일 11시 58분에 시작된 지진은 5분 간격으로 세 차례 이어졌다. 마침 점심 준비를 위해 각 가정에서 불을 피우고 있었고, 시내의 식당도 마찬가지였다. 다닥다닥 붙은 목조 건물의 불길은 삽시간에 옮겨 붙으며 도시 전체를 삼켜버렸다. 특히 이 계절에 도쿄만에서 불어온 강풍이 불길을 옮기는 데 가장 큰 역할을 했다. 수도관이 파열되면서 불을 끌 수 없었고, 화염 폭풍은 40시간 이상 지속되었다. 도쿄의 경우 파괴된 주택의 99.1%가 화재로 인한

것이었고, 인접한 요코하마 역시 그 비중이 90.2%에 이르렀다고
한다. 당시 중앙재난관리협회 조사에 따르면 사망자 10만여 명
중 9.2만 명이 화재로 사망했다.

보통 큰 화재가 있고 나면 기존의 도시를 재구축하는 프로젝트
가 이어진다. 시카고의 경우 1871년 대화재로 도심 지역이 완전
히 파괴되었는데, 이후 재건하는 과정에서 상징적이고 실험적인
시도를 통해 현대 건축의 성지로 탈바꿈했다(범죄의 도시라는 오명은
여전하지만). 1666년 런던 대화재에도 재발을 막기 위한 여러 정책,
예를 들면 화재 진압에 방해되지 않도록 템스강 연안에 집을 짓

▲ 1923년 관동대지진 직후 일본을 돕기 위해 기모노를 차려 입고 호소하는 미국인

돈의 거짓말

지 못하게 하거나 벽돌로만 집을 짓는 등의 도시 계획이 수립되었다(관동 대지진 직후 미국에서는 일본을 돕자는 기부금 모금 운동이 일어나기도 했는데, 유대감은 길게 가지 못했다).

또 다른 지브리의 애니메이션 「반딧불의 묘」는 태평양전쟁 말기인 1945년의 일본 본토 공습을 묘사한 장면으로 시작된다. 레이더 시설이 하찮았던 일본 본토는 공습경보가 울릴 때쯤이면 이미 머리 위에 미군의 B-29 폭격기 편대가 가득 메우고 있었다. 당시 미국은 독일을 초토화한 커다란 고폭탄(고성능 화약이 들어 있어 폭발력이 큰)을 투하하는 게 아니라, 불붙은 조그마한 깡통을 도

▲ 도쿄 대공습에 쓰인 집속 소이탄(M69 Incendiary Bomb), 상공에서 투하 후 네모 깡통 모양의 수십 개의 자탄들이 불이 붙은 채로 흩어지면서 넓은 지역을 태우는 피해를 입혔다.

쿄 전역에 흩뿌렸다. 깡통 폭탄은 폭발력 크기보다는 불이 오래 타는 재료로 만들어져 쉽게 꺼지지 않았고, 도쿄의 목조 건물에는 그 어떤 무기보다 위협적이었다. 미군이 찾아낸 공포의 대왕은 '깡통'인 것이다.

어떤 이유에서인지 모르겠지만 관동 대지진의 경험에도 불구하고 도쿄의 재건 과정에서 다시 주를 이룬 것은 목조 건물이었다. 이를 알고 있는 미군이 가장 단순하면서도 효과적인 방법을 찾아낸 것이다. 여기에 더해 폭격의 효과를 극대화한 방법을 고안했는데, 미군 폭격기 선발대 편대가 'X'자 형태로 1차 공습을 가하고 나면, 후속 편대들이 거대한 불길을 보고 그 위를 훑고 지나가면서 나머지 깡통을 들이붓는 방식이었다. 도쿄 시내 어디도 안전지대가 없게 되는 것이다. 기록을 보면 불길을 피해 강에 뛰어들었던 사람들도 강물이 펄펄 끓어올라 죽음을 피하지 못했다고 한다. 미군 폭격기 조종사들은 하늘에서도 사람이 타는 냄새를 맡을 수 있었다고 하니 폭격의 강도를 짐작할 수 있다.

처음부터 미군이 이러한 방법을 선택했던 것은 아니었다. 일본의 항복을 받아내기 위해서는 본토를 공격해야 하고 이를 위해 B-29의 항속거리 내에 있는 사이판과 이오지마를 차지하려 많은 희생을 치렀다. 미군도 공습 초기에는 복잡한 전술을 구사했다. B-29는 일본 대공포의 사거리보다 훨씬 높은 고도에서 임무를

돈의 거짓말

수행하게 되는데, 그 효과는 이루 말할 수 없이 형편없었다. 대략 100발 중 1발 정도만 목표 근처에 떨어지는 정도였으니, 사이판과 이오지마를 탈환하려 싸운 해병대의 희생이 무색할 정도였다.

이전 장군들이 독일의 군수단지나 석조 주택이 몰려 있는 대도시를 공습하던 방식을 답습한 데 비해, 새로 부임한 커티스 르메이 장군은 깡통 소이탄이라는 너무 간단한 해답을 찾아냈다.

: 게으름과 단순함의 결과

2010년 5월 즈음이었던 것 같다. 영국 법인에 있는 선배가 뜬금없이 축하한다며 《파이낸셜타임스Financial Times》에 실린 기사를 보내왔다. 나도 모르는 사이에 저명한 영국 국제 비즈니스 신문에서 주는 상을 받게 된 것이다. 《파이낸셜타임스》는 미디어 그룹 톰슨 로이터Thomson Reuter와 함께 아시아 최고의 애널리스트를 뽑는데 Top 7에 내가 들었다. 그뿐만 아니라 수익 추정Earinings Estimate 분야에서는 2위란다. 국내 경제 주간지에서 수여하는 베스트 애널리스트 부문에서 몇 번 받아봤지만, 인기 투표 형태의 미인대회 선발이나 다를 바 없어 그리 큰 가치를 두지 않았다.

생소하게도 《파이낸셜타임스》는 상장기업의 예상 이익을 가장 잘 맞힌 애널리스트를 계량적으로 뽑아낸다고 하니 나름 의미가 있는 상이었다. 국내 매체에도 의미 있게 소개되었고, 외국인 기관투자자들을 만날 때 미리 알아보는 경우도 있어 어깨가 들썩이는 경우도 있었다.

그런데 스스로에게 의문이 들었다. 과연 내가 그렇게 기업들의 이익을 잘 맞히고, 수익예상 모델을 부지런하게 수정하나? 어머니를 비롯한 나를 아는 사람들은 내가 두어 시간 이상 앉아 있지 못하고, 하기 싫은 일은 하지 않으며, 빨리 일을 처리하고 노는 데 집중하는 일관된 태도를 가지고 있다는 것에 동의할 것이다.

보통 애널리스트들은 분석 대상 기업에 대한 수익예상 모델을 엑셀 파일로 만들게 된다(물론 이런 거 없이 입으로 때우는 애널리스트도 종종 있다). 매출에서 시작해서, 추정에 필요한 원가와 효율성 지표, 비용 중 고정비의 비중은 어떠한지, 업황 변화에 따른 민감도는 어떠한지 등을 만들고 나서 주가와 주식 수의 변화(보통주로 전환될 가능성 있는 채권, 자기주식수 등등)를 반영해 이른바 투자의견과 적정 주가를 내보인다.

물론 가장 중요한 것은 앞선 모든 가정과 지표들이 복합되어 산출되는 순이익인데, 세상의 모든 인공지능 기술을 동원해도 미래를 정확히 맞힐 수는 없다. 숫자 귀신들이 모여 있는 보험사만 봐도 그렇다. 지금처럼 금리가 낮아지거나 모든 사람들의 명줄이

돈의 거짓말

연장될 줄 알았다면, 무모한 마케팅은 하지 않았을 것이다.

곰곰이 생각해 보니 내가 수익 모델을 만드는 목표는 정확히 이익을 맞히는 게 아니라, 덜 틀리기 위한 것이라는 결론에 도달했다. 즉 난 잘 맞힌 게 아니라, 남들보다 덜 틀리면서 상대 평가에서 우위를 점하게 됐다.

한 기업의 이익, 그것도 금융회사처럼 특이하고 복잡하게 회계 처리를 하는 기업의 이익을 예측하기 위해서는 너무나 많은 가정과 지표가 필요하다. 조금씩 점점 더 붙여나가다 보면 스스로도 미궁 속에 빠질 수 있다.

실제로 옆자리에 앉아 있던 선배의 모델은 엑셀로 3천 줄이 넘었다. 개인 엑셀은 절대 남한테 보여주지 않는데, 어쩌다 우연히 봤을 때의 충격이란. 경제지표는 물론이고 기업 내의 모든 사업부의 원가 구조를 추론하고 이어 붙이며 상호 간섭을 상계하는 등등 마치 난수표 같은 암호장처럼 보였다. 이를 관리하는 건 RAResearch Assistant의 몫인데, 실적 발표 당일에 이런 지표들을 다 입력하고 나면 멀리 동쪽 하늘에서 동이 트는 장엄한 광경을 매번 목격했다고 한다.

이에 비해 나의 모델은 매우 간단하다. 양으로 치면 옆에 있던 선배의 10%밖에 되지 않고, 당연히 입력하는 가정과 지표들도 그리 많지 않다. 누구한테 맡길 필요도 없고, 사무실에서 동트는 광경을 목격하는 기회는 아쉽게도 누릴 수 없었다.

이후에도 이익추정 분야에서 비슷한 상을 받기도 했으니, 소 뒷걸음질 치다 쥐 잡은 격은 아닌 것 같다. 한번은 감독 기관에서 전화가 온 적이 있다. 계열사 관계인 모 보험사와 모 증권사의 분 기 순이익을 억 원 단위까지 정확히 그것도 동시에 맞혔는데, 내 부에서 정보를 받은 게 아니냐는 것이다. 해명이 되긴 했지만, 재 능이 있는 건지 신기가 있는 건지 스스로에게 놀란 적도 있다.

복잡한 전술을 쓴다고 싸움에 이기는 게 아니듯, 많은 정보를 쥐여준다고 정확한 판단을 하는 건 아니다. 경마꾼들에게 정보의 양을 조금씩 늘려줬더니, 오히려 일정 수준에서 예측의 정확성이

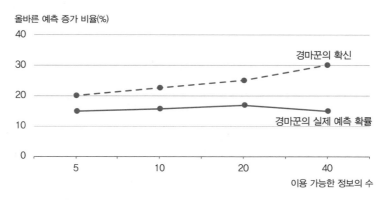

▲ 경마꾼의 사례(출처: Russo and Schoemaker, Winning Decisions, 124)

돈의 거짓말

떨어진 결과가 나왔다. 흥미로운 것은 정보를 많이 접할수록 자신의 확신은 증가한다는 것이다. 즉 스스로를 과신하게 될 뿐이지 올바른 예측과는 동떨어지게 된다.

우리는 여전히 근대성의 유령에 사로잡혀 있다. 더 많이, 더 빨리, 더 크게, 더 높이 등등 산업화와 압축성장의 과정에서 인풋과 아웃풋이 선형적인 관계를 가진다는 선대의 경험을 무의식적으로 이식받았다. 이는 좋은 결과의 필요조건은 정보의 양이라는 인식으로 이어지게 된다. 하지만 적어도 나의 경험으로 볼 때, 많은 정보보다는 좋은 정보, 그것을 단순하게 만드는 능력이 더 중요하다. 투자에 있어서도 마찬가지다. 복잡한 사고는 금물이다. 모든 진실과 정의는 복잡하지 않다.

⋮ 가장 단순화한 기업, 주식의 의미

당신은 기업과 주식에 대해 단순하면서도 적확한 '정의'를 내릴 수 있는가? 무슨 바보 같은 질문이냐고 할 수 있지만, 내가 만난 수많은 자본시장 관련자 중에서 이 질문에 바로 답하는 사람은 없었다. 이 질문에 답할 수 있다면 기업의 이익을 추정하는 데 있어 무엇을 고민해야 할지, 또는 무엇이 필요 없는지를 쉽게 알 수 있게 된다. 이것은 적분의 과정이다. 미분 끝에 추상적인 정의에 도달할 수 있다면, 반대로 적분의 과정을 통해 비로소 대상의 온전한 체적과 모습을 파악할 수 있게 된다.

제프리 잉햄Geoffrey Ingham은 현대의 자본주의 기업을 이렇게 정의했다. "기업이 창출하는 잉여를 놓고 벌이는 이해관계자들의 경쟁의 장". 주식은 이 경쟁을 통해 최종적으로 주주에게 돌아가는 이익에 대한 권리다. 이 권리를 쪼개서 쉽게 거래할 수 있는 곳이 주식시장(기능적으로는 증권거래소)이다.

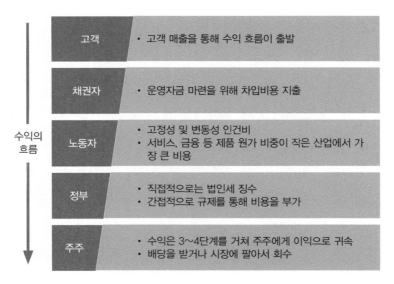

▲ 주식회사의 정의

돈의 거짓말

이해관계자들은 고객, 채권자, 노동자, 정부, 마지막으로 주주로 구성된다. 잉여의 흐름도 이 순서다. 기업이 매출을 거두기 위해서는 고객에게 일정한 효용(물건을 팔든, 서비스를 제공하든)을 주어야 하는데 고객들은 최대한 싸게 사거나 많이 쓰려고 노력한다. 원활한 운영자금의 확보를 위해 채권자에게 이자를 줘야 하며, 근로자에게는 임금을, 마지막으로 정부에 세금을 내고 나서야 주주에게 이윤이 할당된다. 바꿔 말하면 주주가 이윤을 극대화하기 위해서는 나머지 이해관계자들이 가져가는 몫이 최소화되어야 한다. 이들끼리 서로 많이 가져가려고 경쟁하는 곳이 기업(주식회사)이다.

이렇게 정리하면 이익을 추정하는 데 있어 필요한 것들이 무엇인지 명료해진다. 고객에게는 많이 비싸게 팔고(양 × 값), 채권자에게는 이자를 적게 주고(차입 규모 × 차입 금리), 노동자는 최소한으로 고용해 급여는 아껴서 주고(고용 규모 × 평균 임금 + 변동성 인건비), 남는 영업이익에서 법인세(평균 유효세율)를 정부에 바치고 나면 주주에게 흘러가는 험난한 잉여의 과정이 끝난다. 대상의 정의를 내리고, 최대한 단순화하는 과정은 정확한 결과를 가져올 뿐이다.

03 어떻게 단순화할 것인가 1

그러나 때론 아는 것보다
그것을 아는 방식이 중요할 때가 있다.
— 송경원, 《씨네21》 「시카리오」 리뷰 중

⦂ 노포의 비밀을 찾아서⋯⋯

박찬일 셰프가 전국의 유명한 노포를 찾아다니며 정리한 책
『노포의 장사법』을 떠올리면 자다가도 달려가고픈 여러 맛집이
등장한다. 오랫동안 망하지 않고 살아남은 가게들의 이야기는 검
증된 프랜차이즈로도 얼마 버티지 못하고 나가떨어지는 자영업
의 상황과 묘하게 오버랩된다. 읽어 보면 이들의 성공 요인은 결
국 '맛이 있다'라는 것인데, 매우 주관적이지만 많은 사람이 동의

하는 객관적인 사실이기도 하다.

보통 노포들을 소재로 한 책이나 기사를 보면 공통점이 있다. 외관이나 집기가 하나같이 낡았으며 외진 곳에 있고 가끔씩 손님에게 고성과 욕지거리를 서슴없이 날리는 주인 어르신이 등장한다. 내장을 치유하는 맛이라는 과장을 남발하는 일본 드라마「고독한 미식가」에 등장하는 가게들도 비슷한 그림이다. 만약 이러한 요소들을 마케팅 포인트로 삼는다면 '낡고 외진 장소를 찾아다니면서 욕 먹는 것을 즐기는 변태적인 성격의 소유자'들을 타깃 고객층으로 설정하는 대참사가 벌어질 것이다.

이보다는 좋은 재료를 꾸준히 공급받을 수 있고, 나름의 시행착오를 거친 독보적인 레시피가 있다는 점이 '맛이 있다'는 명제를 성립하게 할 것이다. 어떤 사물과 현상을 놓고 우리는 공통점을 뽑아내는 데 익숙하다. 심지어 아무 유사점도 없는 데서 유사점을 찾으려 노력한다. 나름 논리적인 접근이지만, 여기에서 '범주화'의 오류가 발생한다. 아무리 많은 공통점을 찾는다고 해도 '상관관계'를 지니는지보다 '인과관계'를 찾아내야 예측이 가능해진다.

노포의 경우 한자리에 오래 있었으니 세월의 흔적이 묻어 낡아 보이는 것이고, 개발과 함께 주변의 상권이 바뀌면서 외진 골목처럼 보일 것이다. 나이 든 가게 주인의 사투리 섞인 강한 억양은 고성으로 오인되는 것이리라(다만 욕을 하시는 이유는 아무리 생각해도 잘 모르겠다).

보통 내부의 문제를 외부에서 찾으려 할 때도 이러한 오류가 발생한다. 경쟁사의 아무개가 성과가 좋으니 그를 채용하면 된다는 방식 말이다. 이는 성공의 인과관계와 조건들은 다 무시하고 개인의 능력으로만 치환하는 태도다. 아무개의 성과가 운 때문인지, 그 조직의 시스템이 받쳐준 것인지, 아니면 동료의 도움을 가로챈 것인지는 아무도 모른다. 제대로 된 범주화와 인과관계의 검증이 이루어져야 하는데, 하루속히 해결책을 내놓으라는 불호령이 떨어지면 쉬운 답을 고르기 마련이다. 그다음부터는 아무개의 능력을 옹호하고 합리화하는 과정만 남게 된다.

모셔온 아무개의 성과가 기대에 못 미치는 때는 물론이고 평타만 치고 있어도 문제는 심각하게 번진다. 실패를 기회 삼아 실력이 쌓여가는 집토끼(기존 담당자)를 놓치게 되고, 물정 모르는 산토끼가 조직 내의 사기나 로열티를 크게 떨어뜨리기 때문이다. 즉 스스로 고칠 기회와 시행착오를 성공의 거름으로 바꿀 기회를 잃어버리게 된다. 책임 회피적인 문화가 만연해 있거나, 1명에 의존하는 조직일수록 이러한 경향이 강하다.

잘못된 범주화는 자본시장의 전문가에게서도 숱하게 목격된다. 주식 전문 유튜브 채널에 나온 모 증권사의 리서치 팀장은 미국 대형 기술주들의 주가가 정체를 보이는 이유에 대해 이렇게 설명했다.

"FAANG 등 대형 기술주들의 주가는 '자사주 매입'과 '경쟁 기업 인수 제한'의 두 가지 변수로 최근 한 달간의 주가 성과가 차이를 보인다. 두 가지 다 해당된 기업은 주가 하락 폭이 크고, 하나에 걸린다면 적당히 빠졌고, 둘 다 해당이 없으면 주가가 방어되었다"라며 깔끔하게 비교 정리된 차트를 보여주었다. 유심히 듣고 있던 자칭 '주린이'라는 사회자는 "많이 올라서 그런 거 아니에요?" 하고 반문했는데 그의 질문은 단순하지만 정확한 지적이었다.

흔히 'FAANG'이라고 불리는 대형 기술주들은 코로나 사태의 반사이익으로 주가 상승 폭이 크다. 다시 말해 가치 평가 부담이 크기 때문에 나타난 단기 조정인 듯한데, 앞선 설명은 과도한 범주화로 현상을 설명한 무리한 시도였다. 둘 다 해당 안 된 넷플릭스의 경우 가입자 수 증가율이 정체되면서 미리 조정을 받은 상태였다. 둘 다 해당된 구글, 애플, 페이스북은 당분간 주가 조정이 불가피할 것이라는 그의 예측과 달리, 단기 조정 이후 재차 상승하면서 넷플릭스보다 좋은 성과를 보였다.

이렇게 전문가의 지위를 가진 사람들이 범주화를 통해 설명하면 상당한 합리성이 부여된 듯하고, 구조적으로 해석하는 듯한 인상을 심어준다.

⦂ 제대로 아는 과정_관찰-범주화-이론화의 반복

사물의 변화가 거듭될수록 오히려 그 사물의 동질성은 더욱 강화되는 법이다. 멀쩡한 고객을 변태로 만들지 않고, 노포의 성공 비밀을 찾아내는 방법은 무엇일까? 어떻게 단순화된 인과관계에 도달할 수 있을까?

2020년 작고한 하버드 경영대학원 크리스텐슨Clayton M. Christensen 교수는 우리에게 '파괴적 혁신'이라는 이론으로 잘 알려져 있다. 이는 놀랄 만한 혁신적인 제품이나 서비스로 성공을 거둔 뒤 기존 고객을 지키는 데만 몰두한 나머지 저 밑에서 치고 올라오는 혁신 기업에 의해 갑작스럽게 도태될 수 있다는 성공 기업의 딜레마로, 경영자라면 누구나 파괴적 혁신 이론을 줄줄 외울 정도다. 하지만 이 이론에 한발 더 들어가 보면 '이론화의 과정Building of Theory'이 가장 중요하게 자리 잡고 있다.

문제를 해결하거나 전략을 수립하는 데 있어 경영자들도 과학자와 같은 이론의 형성을 강조하고 있다. '이론적'이라는 말이 따분한 학문 느낌을 주긴 하지만 문제를 해결하는 데는 그야말로 실용적인 방법론이다.

가령 이론화가 안 되어 있는 한의사를 만나면 허리디스크 환자에게 건강보험 적용이 안 되는 고가의 한방 파스를 다리에 처방해 고통의 시간을 연장해 줄 수 있다. 다리가 저리고 아픈 이유는 추간판(흔히 디스크라 부르는)이 척추뼈 사이를 비집고 나와 다리로 이어진 신경을 눌러서다. 즉 처방은 신경을 자극하지 않는 데 집중해야 하는데 이론화 과정을 안 거치면 드러난 현상에만 집착하게끔 만든다. 나는 이 한의사와 이별한 후 불과 한 달 만에 허리 디스크의 고통에서 해방됐다.

크리스텐슨 교수가 말하는 이론화의 과정은 세 가지로 함축된다.

첫째, 현상 특성에 대한 철저한 분석이다. 세밀하게 관찰하고

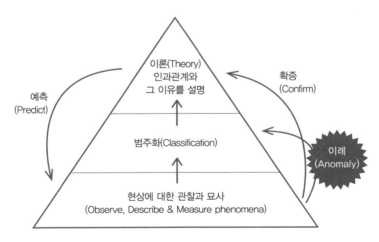

▲ 관찰─범주화─이론화의 과정은 모든 사물, 상황에 대응하는 데 유용한 방법론이다. 하지만 반대로 이 과정 중 어느 지점에 결함이 있다면 적정한 대응이 어려워진다.

나타난 현상을 측정하고 설명하는 과정에 해당한다. 소수의 성공 사례에만 의존한 답은 부실하거나, 상황이 조금만 바뀌어도 유효성을 상실하게 된다. 보통 자체적으로 문제를 해결하기 어려울 때 컨설팅 회사와 같은 외부 전문가에 의존하는 경우가 많은데, 한정된 기한 내에 마무리하기 위해 기존의 성공 사례 몇 가지를 그대로 접목해 결론을 도출하는 경우가 많다.

두 번째로는 범주화하는 것이다. 쓸데없는 가지를 쳐내고 현상 중에서 가장 중요한 공통점을 찾아내는 과정이다. 고체, 액체, 기체 및 플라스마는 물리학의 기본적인 범주화가 된다. 범주화는 현상 간 가장 의미 있는 차이를 강조하는 방식으로 단순화해야 한다.

마지막 세 번째로 어떤 이유로 현상이 일어나는지, 즉 인과관계를 설명하는 이론을 제시해야 한다. 동일한 상황에서 동일한 결과가 나오는지 반복적으로 실행하는 것이다. X가 Y라는 결과를 일으키는지, X라는 요소가 Z를 일으킬 수도 있는지 확인해야 한다.

이를 통해 잘못되거나 부족한 범주화를 수정해 나가면 이례적인 상황에서도 작동하는 이론을 만들 수 있다. 반복적인 실험이 부족하면 상관관계를 인과관계로 오인하는 경우가 많다. 주로 다리가 저리고 아프지만, 허리가 쑤신 경우에도 디스크가 신경을 누를 경우 나타나는 현상이라는 설명이 가능해야 한다. 그래야

돈의 거짓말

한방 파스를 허리에도 처바르는 비극을 막을 수 있을 것이다.

> 이론은 무엇이 무엇과 왜를 야기하는지에 대한 진술이다. 이 이론이 건전한 분류 체계로 구축된다면, 그것은 무엇이 무엇을 일으키고, 왜 일으키며 어떤 상황에서 일어나는지 등이 될 것이다. 이론은 한마디로 인과관계에 대한 조건부 설명이다. 이렇게 만들어진 이론을 어떤 특정 상황에 반영해 그 결과가 나올지 예측하고, 이에 대한 확신이 있으면 행동에 나설 수 있는 것이다. 그 유명한 마이클 포터의 다섯 가지 요소도 이러한 관점에서 범주화해 그런 속성을 가진 기업들이 특정 상황에서 뛰어난 이익을 얻거나, 또는 얻지 못하는 상황을 설명한 것이다.
>
> 각 과정을 거쳐 이론을 만든 이후 다시 검증하는 작업을 반복해야 한다. 연역적인 과정을 거치면서 동일한 상황에서 그 결과가 나올지 예측하는 과정을 거쳐야 한다. 경영자든 투자자든 이런 과정을 거듭하고 밟아나가야 이론화, 투자 전략 등이 도출된다.
>
> —『이론의 구축 과정』, 크리스텐슨 외

크리스텐슨 교수는 인간의 비행을 위한 노력을 사례로 든다. 인류가 하늘을 날기 시작한 시점은 불과 130년 전 정도다. 이보다 훨씬 이전부터 자유롭게 날고 싶어 하는 시도와 연구는 끊임

없이 이어져 왔다. 이런 시도를 묘사한 문헌을 보면 공통점을 지 닌다. 새와 벌처럼 날아다니는 모든 것들이 가지는 공통점, 즉 깃 털이 달린 날개를 위아래로 움직인다는 것을 흉내 내서 깃털을 몸에 붙이고 비슷한 움직임으로 높은 곳에서 떨어지는 것이다. 모험심의 대가치고는 언제나 너무 가혹한 결과가 기다리고 있었 다. 이 관찰을 토대로 도출되는 결과는 더 큰 날개를 덧붙이거나, 더 빨리 날개를 움직이는 것에 국한된다. 르네상스 시대의 천재 레오나르도 다빈치가 설계한 우첼로Uccello(거대한 새)라는 비행기 역시 10미터가 넘는 큰 날개를 가지고 있었다. 결국 스위스의 과 학자 베르누이의 정리를 통해 양력과 추력이라는 비행의 핵심 원 리가 도출되면서 우리는 모히토로 신혼여행을 가서 몰디브를 들 이키는 낭만을 즐길 수 있게 되었다.

▲ 레오나르도 다빈치가 설계한 우첼로

돈의 거짓말

영화 「시카리오」에서 알레한드로(베네치오 델 토로 역)는 케이트(에밀리 블란트)에게 "시계의 작동원리를 알려고 하지 말고, 시곗바늘이나 잘 보라"고 충고한다. 결국 자신의 존재가 전체 작전의 들러리에 불과했다는 것을 알게 된 케이트는 자살을 당할 수도 있다는 알레한드로의 협박 아닌 협박에 울음을 터뜨린다. 시곗바늘이 가리키는 시간을 볼 줄만 알아도 우리의 삶은 불편하지 않다. 주변의 모든 일과 사물의 작동원리를 알 필요는 없을뿐더러 알 수도 없다. 하지만 냉혹한 투자의 세계에서는 그렇지 않다. 시곗바늘만 봐도 된다는 생각으로 투자에 뛰어든다면, 금융 악당이 알려주는 가짜 시간에 맞춰 움직이는 들러리가 될 것이다.

04 어떻게 단순화할 것인가 2

중력! 중력 때문에 땅에 설 수 있지. 우주에는 중력이 전혀 없어. 발이 땅에 붙어 있지 못하고 둥둥 떠다녀야 해. 사랑에 빠진다는 게 바로 그런 느낌일까?

Gravity. It keeps you rooted to the ground. In space, there's not any gravity. You just kind of leave your feet and go floating around. Is that what being in love is like?

— 미국의 코미디 드라마 시리즈 「알래스카의 빛」에서

⋮ 금융 사기에 접목하는 이론화의 과정

이제부터 여러 금융 사기 사례를 통해 실제로 크리스텐슨 교수의 이론화 과정을 거쳐보자. 다음은 다양한 유형의 금융 사기 중 전형적이거나 특이한 최근의 것들을 발췌(금융감독원 보도자료 및 형사정책연구원의 연구총서 등을 활용)했다.

이론화를 구축하는 첫 단계는 가급적 많은 현상을 세밀하게 관찰하는 것이다.

돈의 거짓말

1. 나스닥증권거래소 이사장인 월가의 거물 메이도프는 1960년 자신의 이름을 따 설립된 증권사 버나드 메이도프 LLC를 설립해 월가의 실시간 주식 거래를 선도했다. 돈을 만지는 전문 투자가와 자선기금 등을 운용하는 상류층 인사를 타깃으로 삼아 고급 골프장과 칵테일 파티에서 "메이도프는 전설적인 머니 매니저"라고 입소문을 퍼뜨린 뒤, 초대받은 사람만 받아들이는 배타적인 2% 마케팅을 구사하는 수법을 사용했다. 폰지치고는 상대적으로 낮은 투자 수익률 8~12%를 제시해 자금 고갈을 늦추고 투자자의 의심을 피하였으며, 이 수익률을 어떠한 경우에서도 지켰다. 또한 소규모 환매 요청은 곧바로 받아들여 의심을 피하는 방법으로 수만 명의 피해자와 500억 달러(69조 원)의 피해를 입혔다.

2. 가상 자산에 투자해 수개월 내로 투자금의 3배인 1,800만 원의 수익을 보장한다며 600만 원짜리 계좌를 1개 이상 만들도록 하고, 다른 회원을 유치하면 소개비 120만 원을 지급하겠다고 했다. 9개월 동안 회원 5만 2천 명을 모집해 입금받은 돈은 2조 2,100억 원이다.

3. A 업체는 신용카드업을 정식 허가받은 곳이라고 주장하면서 1,760만 원 투자 시 매일 5만 포인트를 무한 지급해 원금과 수익을 보장하고, 조만간 발급할 신용카드 사용 시 결제액의 30%를 포인트(현금처럼 사용 가능)로 돌려주겠다고 현혹했다.

4. B 업체는 카드 결제 기간을 단축해 주는 금융 시스템 구축 사업에

투자한다면서, 자신들에게 예금 또는 적금 방식으로 투자하면 연 10~15%의 수익과 원금을 지급하겠다며 자금을 모집했다.

5. C 업체는 이더리움 코인을 채굴하는 공장을 운영한다고 하면서, 950만 원을 투자하면 월 180만 원의 수익이 발생해 투자 후 5개월이 지나면 원금이 회수되고, 이후 동일한 방식으로 계속 수익이 발생한다고 선전했다.

6. D 업체는 자신들이 해외에 보유한 전문 매매 로봇을 활용해 가상통화를 거래하기 때문에 전혀 손실이 없고, 1,800만 원 투자 시 6주 동안 매주 200만 원씩 지급하고 원금도 돌려준다면서 투자자를 모집했다. 또 만기에 지급받은 금액은 모두 재투자를 유도하고 거부하면 수익금을 주지 않겠다고 위협(현금 부족 시 이른바 '카드깡'으로도 투자금을 받으면서 현금 투자는 5%를 할인)했다.

7. E 업체는 부동산 투자개발 및 운영, 레저 사업 등으로 큰 수익을 내는 부동산을 구입해 담보를 설정해 주기 때문에 원금이 보장되며, 20~40%의 확정 수익을 지급한다고 투자자를 현혹했다.

8. F 업체는 광고주와 회원이 상호 이익을 볼 수 있는 서비스를 제공하는 온라인 광고 서비스 회사라고 소개하면서, 500~600만 원을 내고 회원 가입 후 사이트에 게시되는 광고에 홍보성 댓글을 달아주면 2년간 3배의 수익을 보장해 준다며 투자자를 모집했다. 현금이 없는 투자자에게는 자신이 운영하는 유흥업소 등에서 카드 결제를 하는,

카드깡 방식으로 투자금을 받았다.

9. G 업체는 선박 및 자동차 사업에 투자할 예정인데 큰 수익을 올릴 수 있다면서, 6개월간 투자 시 원금 및 40%의 수익을 지급해 준다고 했다. 만약 수익이 나지 않더라도 자신의 재력으로 충분히 갚아줄 수 있으니 아무 걱정하지 말라면서 투자자를 모집한 이후 잠적했다.

10. H 업체는 금융 및 의료 사업을 영위하며 조만간 나스닥에 상장을 앞둔 회사라고 홍보했다. 주식 10만 주를 무상으로 지급하고, 나스닥에 상장되면 100배까지 가격이 상승한다며 회원을 모집했다. 또한 주식의 거래 승인을 받으려면 약 3만 달러를 미국 은행의 계좌로 송금해야 한다며 자금을 수취했다.

11. I 업체는 유명 스마트폰과 성형 수술용 실리콘 등을 수입하면서, 태국의 경찰 및 공무원들과 친분이 있어 통관에 문제가 없고 높은 마진을 얻을 수 있기 때문에 2개월 후 25%의 수익과 원금을 주겠다며 불특정 다수를 상대로 자금을 모집했다. 만약 수익이 나지 않더라도 자신의 재력으로 충분히 갚아줄 수 있으니 아무 걱정하지 말라며 피해자를 안심시키고 자금을 수취한 이후 잠적했다.

12. J는 전직 대통령의 친동생이라는 신분과 배경을 이용해 자금 조달에 어려움을 겪고 있는 건설사 대표이사 K에게 "아파트 1,000세대 신축 공사에 필요한 토지 구매비와 건축비에 드는 1억 달러를 유치해 주겠다"고 하면서 1조 원대의 해외 차명계좌를 담보로 지급보증을 서

주겠다고 제안했다. 액면가 1억 달러 채권을 보여주면서 막대한 비자금을 보유하고 있는 것처럼 행세해 이를 진실로 믿은 대표이사에게 업무 추진비 명목으로 6억 원 등 2회에 걸쳐 7억 원을 받았다. 공범 L과 함께 건설업자로부터 3회에 걸쳐 8억 원 등 15억 원과 미화 7만 달러를 가로챈 혐의다.

13. 2005년경 M(59세)은 도쿄의 투자회사인 '월드 애양 펌(도쿄도 타이토 구)'을 운영하면서 새우양식과는 전혀 관련이 없음에도 불구하고 "필리핀에 도쿄 돔 450개분의 양식 연못이 있다. 필리핀에서의 새우양식 사업에 출자하면 1년에 2배가 된다"고 속여 피해자 4만 명에게 약 600억 엔의 피해를 입혔다.

14. N 사모펀드는 비교적 낮은 금리(3~4.5%)를 제시하고 투자 대상의 안정성을 강조하며 투자금을 모집했다. 실제 '공공기관 매출채권'에 투자한 실적은 없으며, 사모사채 발행사를 경유해 부동산 등에 투자하거나 펀드 간 돌려막기에 자금을 사용했다.

두 번째로 필요한 것은 범주화다. 이 범주화 과정이 가장 중요하다. 이론으로까지 연결되지 않고 대상에 대한 대략의 특질을 파악하는 것만으로도 일단 상황에 대처할 수 있는 능력이 생기기 때문이다. 위의 사례를 유심히 읽어 보았다면 아래와 같은 몇 가지 범주로 악당들의 접근 방식을 나누어 볼 수 있다.

돈의 거짓말

1. 상대적으로 높고 구체적인 수익률을 제시

대부분의 사례에서 나타난다. 말도 안 되게 높은 연수익을 제시하기도 하고, 일 단위 또는 월 단위로 일정하게 수익금을 분배한다고 약속한다. 돌려막기 계의 큰 형님인 찰스 폰지는 90일간 50%의 수익을 장담했다. 위에 열거된 사례에 제시된 평균 수익은 연간 268%다.

메이도프나 최근 문제가 터진 사모펀드의 경우 돌려막기치고는 낮은 수익률이지만, 시중 금리를 고려하면 역시 높은 수준이다. 제시한 기간 동안 돈을 투자하면 얼마의 이익을 얻는다는 구체적인 수치의 제공이 신뢰를 덧칠한다.

2. 원금의 보장

독점적인 권리, 탄탄한 담보(해외 차명 계좌의 현금, 개인의 재력 등), 알려지지 않은 투자 기법 혹은 새로운 기술을 동원해서 투자하므로 원금은 절대 깨지지 않는다는 보장을 공언한다.

3. 권위의 동원

1부에서 자세히 적었지만, 유교적이고 권위주의 잔재가 많은 문화를 가진 국가에서 사람을 설득하는 데는 권위를 빙자하는 것이 매우 효과적이다. 대통령은 보통이고, 남의 나라 국가 원수, 또는 FBI 수사관 등등 그럴듯한 국가 권위를 애용한다. 독점적인 인허가권에 접근할 수 있다고 주장하지만, 투자자가 그 실체를 직접 확인하기 어렵다는 공통점을 지닌다.

4. 난해하거나 검증할 수 없는 투자 전략

전문가를 빙자하면서 매우 어려운 투자 전략을 동원하기 때문에 절대 손실을 보지 않는다고 주장한다. 예를 들어 '골드만삭스 헤지펀드의 운용 전략을 모방해서 콜옵션 매도, 풋옵션 매도를 통해 시장 위험을 제거하고 나스닥 커버드콜과 배당 수익률 상위 10개사를 매수하면 10%의 확정 수익이 보장된다'라고 설명한다면 이를 알아듣는 사람이 얼마나 있겠는가?

또는 카자흐스탄 규소 광산이나, 아르헨티나 팜파스 대농장의 개발권 투자 등등 지인의 말만 믿고 조용히 송금 버튼을 누른다면 투자가 제대로 이루어지는지 어떻게 검증할 수 있겠는가?

5. 개인 계좌로 투자금 입금 유도

악당들은 제도권 금융기관인 척 행세하지만, 세금을 줄이거나 거래를 모아서 해야 효율적이기 때문에 법인이나 금융기관의 계좌가 아닌 개인 계좌로 송금을 유도한다. 저명한 투자자이자 저술가인 켄 피셔는 금융 사기를 피하는 첫 번째 원칙으로 자산의

　　　　　　　　　　　　　돈의 거짓말

분리 보관을 강조한다. 즉 금융 악당이 자산을 마음대로 접근, 처분하지 못하도록 수탁을 분리해야 한다는 의미다. 믿고 맡긴 돈이 어디에 있는지 확인하고, 필요할 때 쉽게 돌려받을 수 있는지 최소한의 안전장치가 있는지 살피는 것은 필수다.

6. 배타성과 고립

기존 투자자 또는 투자 모집책들의 소개와 권유로만 접근할 수 있고, 상품의 희소성 때문에 아무한테나 팔 수 없다고 강조한다. 투자 사실을 주위에 알리지 말라고 하는데, 만약 어기면 불이익을 주겠다거나 투자 전략이 노출되면 수익률이 떨어진다고 겁을 준다. 메이도프는 "초대받은 사람만 받아들이는 투자 클럽이고 투자금 얼마 이하는 안 받지만 이번만 예외적으로 가입할 수 있다"라며 투자자의 감성을 자극했다.

후배에게 당한 폰지 피해에서 '마지막 남은 희소한 티켓을 주겠다'는 꼬임에 영락없이 넘어간 기억이 떠오른다. 그 후배는 항상 이렇게 얘기했다. 형! 다른 사람한테는 절대 얘기하면 안 돼요.

자, 여기까지가 면밀한 관찰 끝에 이루어낸 범주화다. 그럼 인과관계를 갖춘 이론화의 과정이 남게 된다. 이러한 범주화된 사실들이 금융 사기라는 가슴 아픈 결과로 이어지는지는 연역적으로 검증해야 한다.

범주화든 연역적 검증이든 그 방법은 끝없이 쓸데없거나 부수적인 것들을 걷어내는 과정이다. 나는 이 과정을 미분한다고 표현한다. 끝없이 미분하다 보면 더 이상 미분할 수 없는 지점에 도달하게 되는데, 그 마지막에 반짝이며 남아 있는 것이 하나의 사실 또는 이론이라고 표현할 수 있으리라…….

범주화한 유형을 적용하면 반드시 금융 사기로 이어지는가? 켄 피셔는 자산의 분리 수탁이 가장 중요하다고 했지만, 이것만 지켜진다고 해서 금융 악당의 마수를 모두 피할 수 없다. 공공기관 매출채권에 투자한다던 사모펀드의 경우 수탁회사들은 물론이고 상품을 판매한 증권사들도 투자채권에 대해 제대로 확인하지 않았다.

배타성 역시 마찬가지다. 공식적으로 사모펀드는 소수를 대상으로 판매한다. 투자 전략이 노출되면 수익률이 떨어지니 발설하지 말라고 하면 투자자들과 이해관계가 일치된다. 수긍할 수밖에 없을 것이다. 난해한 투자 전략 또한 이게 맞는 말인지 아닌지 모르는 경우가 다반사고, 자신의 무지 또는 자존심 때문에 제대로 확인하려 들지 않는 경우가 더 많을 것이다.

이런 것들을 하나씩 제거해 나가다 보면 움직일 수 없는 사실에 직면한다. '구체적이고 높은 수익을 제시하면서도 이례적인 투자 기법으로 원금을 보장한다고 단언'하면 금융 사기라 할 수 있다.

나머지 범주화 영역에 들어온 것들은 조연의 역할이고, 경우에 따라 조합해서 쓸 수 있다. 하지만 높은 수익률과 원금의 보장은 그렇지 않다. 높은 수익을 확언하면서도 원금을 보장한다는 논리는 마치 지구에 있지만 중력을 피해 살 수 있다는 것만큼이나 황당한 '뇌피셜'이다.

6연발 리볼버 권총으로 러시안룰렛을 할 때, 위험은 6분의 1이다. 100연발 리볼버라면 살아남은 99명이 나눠 먹고, 2연발 리볼버면 혼자 먹는다. 높은 수익에서 위험은 커진다. 나만 그 사실을 벗어날 수 없다. 그런데 금융 악당은 가능하다고 말한다. 그들이 만든 리볼버는 특수한 장치가 있기 때문에 아무리 방아쇠를 당겨도 내 차례에서는 발사되지 않는다는 식이다. 이건 그냥 고장 난 총일 뿐이다.

'위험과 보상(수익)'은 금융시장에서 중력의 법칙과 같다. 전통적인 자본시장선은 위험의 크기와 수익성이 선형적인 관계를 지닌다. 존경하는 투자자 하워드 막스Howard Marks는 위험과 보상에 대해 한발 더 나아가 이렇게 설명한다. "일정한 위험은 일정한 이익을 거두는 정규분포를 띤다". 위험에 대한 노출이 작을수록 기대 수익은 낮은 수준에 머문다. 이례적으로 높은 이익을 거둘 가

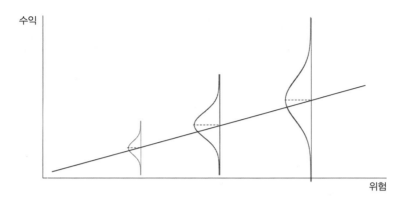

수익

위험

▲ 하워드 막스의 위험-수익 그래프

능성이나 그 크기는 더욱더 작을 수밖에 없다. 반면 위험의 크기
가 클수록 평균적 수익성이 높아지고 이례적으로 높은 수익이나
반대로 이례적으로 낮은 수익의 가능성도 커진다.

금융 악당들은 다음 그림에서처럼 위험은 없으면서도 이례적
으로 높은 수익을 돌려줄 수 있다고 속삭인다. 중력 없이 날 수
있는 건 우주 속 허공에서나 가능하다. 금융 악당의 속삭임에 빠
진다면 당신은 그저 우주를 떠다니는 것과 다름없다.

하워드 막스의 논리를 내 나름의 경험을 근거로 재구성해 보
았다. 대개 돈이 많고 위험을 감수할 수 있는 여력이 큰 사람들
은 C와 같은 결과를 얻을 수 있다. 즉 동일한 위험을 떠안는다고

돈의 거짓말

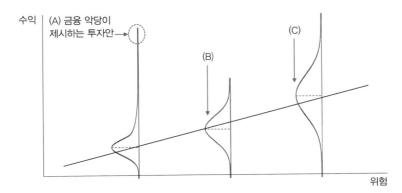

수익

(A) 금융 악당이
제시하는 투자안→

(B)

(C)

위험

▲ 금융 악당들이 제시하는 위험−수익 그래프

해도 자본시장선보다 조금 더 높은 수익률을 얻을 가능성이 크다
는 말이다. 조금 더 좋은 정보와 기회를 접할 수 있고, 시간을 견
딜 수 있기 때문이다. 자본력이 적으면 그 반대의 경향(C에서 B로
이동하는)을 띨 수밖에 없다. 여기에 수수료와 이자 비용(대출을 받아
투자했다면)까지 불리하게 적용되면 감당하는 위험에 비해 낮은 이
익을 거둘 확률이 높다(즉 자본시장선 아래에 주로 위치하는).

　A의 경우가 바로 금융 악당의 논리인데, 방아쇠를 당겨도 죽지
않는 방법 또는 중력을 뛰어넘을 수 있는 장치를 만들었다는 것
이다. 만약 가능하다고 해도 그 자산은 매우 비쌀 텐데 싸게 판다
고 하니, 그 또한 의심할 만한 대목이다.

골드만삭스는 누구나 인정하는 위험 관리의 달인이요, 금융시장을 상대해서 돈을 버는 최고의 전문가 집단이다. 모든 금융 사기꾼을 합쳐도 이들의 시스템과 경험, 데이터 등의 능력치를 따라잡지 못한다고 생각한다. 그렇다면 골드만삭스는 매번 돈을 많이 벌까? 다음은 골드만삭스의 장기적인 자기자본수익률, 흔히 말하는 ROE다. 주주의 돈을 밑천으로 영업해서 매년 얼마나 불려주는지를 보여준다. 가장 좋은 시절은 2006년 전후인데 무려 30%가 넘는다. 은행 예금이 아니라 골드만삭스의 주주가 되었더니 매년 30% 넘게 자산이 불었다는 의미다.

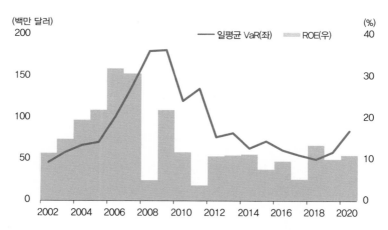

▲ 골드만삭스조차도 그들만 알고 있는 비법을 가진 것이 아니고, 단지 위험을 늘린 대가로 따라오는 것이 수익이라는 것을 보여준다.

돈의 거짓말

좋은 시절은 오래 가지 않았다. 2008년 글로벌 금융위기를 거치면서 거짓말처럼 ROE가 내려간다. VaR은 떠안는 위험의 크기를 계량화한 것이다. VaR이 줄어들면서 ROE도 내려간다. 마치 수도꼭지의 밸브처럼 흐르는 물의 양을 조절하듯이 위험의 크기(VaR)에 따라 ROE가 좌우된다. 돈 버는 데 있어 세상에서 가장 잘 훈련된 집단인 골드만삭스도 '위험-수익'의 원리에서 벗어나지 못한다는 것을 보여준다. 천재들의 결과도 그저 위험을 떠안은 대가, 그 이상이 아니다. 상황이 이러할진대 위험 없이 돈 버는 기계를 고안했다고 속삭이는 사람을 만난다는 것은, 골드만삭스의 4만 명을 합친 것보다 똑똑한 사람, 아니 신神을 마주하는 것과 같다.

05 감당할 수 있는 투자란?

> 주식이란 '모름의 철학'이거든요. 우리가 할 수 있는 건
> 위기가 오더라도 견딜 수 있는 돈으로 투자를 하는 것뿐이에요.
> — 김학균, 신영증권 리서치센터장

: 감당할 수 있는 투자

누구긴 누구야 빚쟁이지. 점마가 돈을 꿔갔는데 갚는 날이 석
달이나 밀렸어…….

　　　　　　　— 영화 「범죄도시」, 장첸(윤계상 역)의 대사 중

이 대사의 앞 이야기를 상상해 보자.

저 멀리 금광이 있다는 소문이 돈다. 먼저 가서 캐는 놈이 임자

란다. 수중에 있는 현금으로 곡괭이와 삽 등등 도구는 준비했는데, 그에 못지않게 들어가는 여비가 모자란다. 보기와 다르게 금융업으로 성공한 같은 고향 동생인 장첸에게 연락해서 힘들게 차비를 마련했다. 소문은 사실이었지만 이미 발 빠르고 노련한 광부들이 다녀간 뒤다. 아쉬움을 버리지 못하고 땅이 녹는 봄까지 기다려 더 깊은 곳까지 파보기로 했다. 밤낮으로 파보았지만 곡괭이만 닳아 없어지고 가진 돈도 떨어져 단념할 수밖에 없었다. 돌아오는 길에는 긴 장마까지 겹쳐 질척대는 길에서 한여름을 소모했다. 돌아와 보니 예상보다 석 달이나 지나 있었다. 그 사이 금광이 발견됐다는 소식에 너나없이 소비가 늘어 물가도 뛰고, 금리도 덩달아 올랐다. 본업에 충실한 금융업자인 장첸은 어쩔 수 없이 빌려준 돈에 금리를 올렸고, 연체까지 생긴 상황이라 페널티를 물릴 수밖에 없었다. 곡괭이와 도구도 전부 사라진 터에 원금조차 갚을 방법이 없다. 이때 꽁지머리와 선글라스가 묘하게 어울리는 장첸의 실루엣이 멀리서 보인다. 그 뒤를 따르는 무리는 아스팔트에 망치 끄는 소리를 내면서 다가온다.

끄르륵, 끄르륵…….

전 세계에 언제든 투자할 수 있는 수단은 우리 손에 쥐어져 있다. 금리도 낮고 유동성은 풍부하니 남의 돈을 빌려서 투자하기 참 좋은 시절이다. 특히 한국은 전세라는 요망한 대출 제도 때문에 집을 한 번 사본 사람은 갭투자와 빚내서 하는 투자에 거부감이 적다. 여기에 운인지 실력인지 모를 성공 경험이 몇 번 이어지다 보면 자연히 투자는 빚을 내서 해야 한다는 신념이 생긴다.

외환 위기, 9.11 테러, 카드 사태, 글로벌 금융위기, 2010년대 기나긴 박스권을 거치며 주식 투자에 족족 실패했던 부모 세대는 이렇게 조언한다. 빚내서 주식 하면 망한다고. 좀 더 순화해서 말하면 감당할 수 있는 만큼 투자하라 정도가 되겠다. 그런데 이 '감당'이라는 알 듯 모를 듯한 단어의 의미를 이해하는 것이 (빚내서 투자할 때) 무엇보다 중요하다.

물리학에 조예는 없지만 모든 가치 또는 사물은 양Quantity, 질Quality, 시간Time으로 표현할 수 있다. 수익을 창출하는 대상을 평가하는 데 있어서 물리를 대입해 보면 생산 규모와 창출하는 수익의 수준, 언제까지 지속할 수 있는지가 나온다. 매출이 얼마나 성장할 수 있는지, 영업이익률은 어떻게 방어할 수 있는지, 언제까지 '꿀 빠는' 시기가 지속할지, 사실 이 세 가지가 모든 평가의 핵심적인 질문이다. 만약 다른 질문을 더 하고 싶다면, 이 질문을 해결한 다음이어야 한다.

돈을 빌려서 투자한다고 할 때 주안점으로 두는 것은 '너무 많이 빌리는 건 아닌가?', '금리가 높지는 않은가?'이다. 이게 바로 감당할 수 있느냐는 질문에 답하기 위한 일반적인 전제 요건인데, 내가 볼 때는 오히려 마지막 '시간'이 중요하다.

투자하기 좋은 시기란 없습니다. 그걸 알 방법이 없으니까요. 설사 내가 불리할 때 샀다 하더라도 버틸 수 있는 돈의 성격이 중요합니다. 부자들을 보면 정보가 많고 그에 대한 통찰도 있죠. 하지만 그보다 더 중요한 건 그들에게는 '시간을 이길 수 있는 돈'이 있다는 거예요. 주가가 떨어졌을 때, 내 손에 돈이 있으면 그건 기회죠. 그런데 돈이 아닌 주식을 들고 있다? 그건 문제입니다. 여윳돈이 있는 입장에서야 주가 떨어지는 게 뭐가 문제겠어요. 기회인데.

반면에 '영끌'로 했다고 쳐요. 떨어질 때 나쁜 가격에 주식을 팔지 않는 게 중요한데, 주가가 다시 오를 때까지 기다리지 못하고 나쁜 가격에 팔면서 손해를 보게 됩니다. 빚을 당겨왔고 빨리 수익을 내겠다는 조급증이 있으면 시장이 흔들릴 때 심적 부담이 너무 크다는 문제도 있습니다. 결국 투자의 성공 확률도 굉장히 낮아지는 겁니다. 제가 만나 본 부자들이 결코 '족집게'라서 돈을 번 게 아니라고 말씀을 드리고 싶어요.

지식이나 태도는 돈을 벌기 위한 필요조건이지, 충분조건은 절대로 아닙니다. 투자란 절대 미래를 맞히는 일이 아니란 것, 안 좋은 상황이 갑자기 벌어질 확률을 반드시 염두에 둬야 한다는 것, 그리고 어려울 때 버티는 것이 중요합니다. 그게 투자에서 '이기는' 본질이에요.

돈 있는 사람에게 유리한 게임인 것. 앞서 말씀드린 것처럼, 시간을 이길 수 있는 돈을 가진 사람이 이기게 돼 있기 때문이거든요. 그러니까, 가진 돈이 적더라도 투자의 철칙을 꼭 지켜야 합니다. 시간을 견딜 수 있는 돈으로만 하세요."

— 신영증권 김학균 리서치센터장 인터뷰 중

김학균 센터장은 지식에 기반한 예측이 아닌 '돈의 성격', 구체적으로는 시간을 견디는 돈이 있는지 없는지가 투자의 성패를 좌우한다고 했다. 위기에도 버틸 수 있는 돈으로 투자해야 손실을 면하고, 간혹 큰 수익도 낼 수 있다는 얘기다.

이 내용을 간단히 다음 그림으로 표현할 수 있다. 다음은 『블랙스완』으로 잘 알려진 나심 탈레브Nassim Taleb의 저서 『행운에 속지 마라』를 토대로 재구성했다.

어느 주식의 연간 수익률이 9.9%이고, 표준편차 16.3%라고 가정하자(표준편차는 변동성 또는 시장의 위험을 측정하는 지표로 흔히 사용된다). 하루(1년 거래일수 = 252일)로 좁혀보면 수익률은 0.037%, 표준

돈의 거짓말

편차는 1.03%로 계산된다. 마치 주사위를 던지듯 무작위로 돌려보면(하루 단위로 투자해 보면) 투자자가 이익을 얻을 확률은 50%로 그야말로 반반이다. 이 시간을 1시간 단위로 더 쪼개어 보면 49%로 내려간다. 그런데 모든 가격 변동을 먹겠다고 1시간 단위로 동일 대상에 매매를 반복하면, 이 확률이 지켜진다고 하더라도 거래비용(수수료 등) 때문에 실제 수익률은 크게 떨어질 수밖에 없다. 특히 우리나라 시장은 증권거래세가 수수료의 20배에 달한다는 맹점을 고려해야 한다.

반대로 1년이라는 시간으로 늘려보면 그 확률은 76%, 10년은 100%가 나온다. 위험에 해당하는 표준편차는 제곱근으로 증가하지만, 수익률은 복리로 올라가기 때문이다. 중요한 것은 수반되는 비용 중 측정하기 어려운 심리적인 영향, 바로 손실이 났다는 것을 확인했을 때의 심적 고통까지 고려하면 '자주 계좌를 쳐다보지 말라'는 것이 요지다.

행동경제학의 대부로 불리는 대니얼 카너먼Daniel Kahneman은 "손실의 고통은 수익이 가져다주는 행복감에 비해 2배의 강도"라고 했다. 이 테스트에 적용해 보면 단기간의 투자일수록 효용은 더 크게 하락할 수밖에 없다. 단기적으로 성공 확률이 절반인데 손실이 났을 때의 고통이 2배이니 이익이 났을 때와 같다고 쳐도 고통에서 헤어나올 수 없다는 것이다.

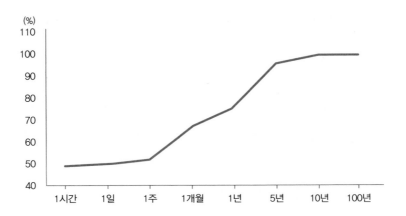

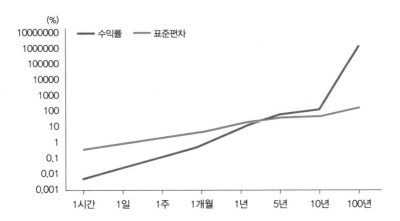

게다가 사람은 보통 힘들어지면 잘못된 판단이나 극단적인 행동에 나서면서 실패가 가중되는 법이다. 고통에서 벗어나기 위해 쿨하게 손실 난 주식을 팔았는데 반등하게 된다면? 그 고통

돈의 거짓말

은 2배가 아니라 10배 정도는 되지 않을까? 매시간, 매분, 매초 시세를 들여다볼 때 삶이 피폐해지는 이유다.

테스트에 활용된 좋은 주식, 투자 대안이 뭔지 궁금할 것이다. 바로 20년 동안의 코스피 지수다. 20년 동안 9.11테러, 신용카드 대란, 차이나 쇼크, 글로벌 금융위기, 기나긴 박스권, 연준의 금리 인상, 코로나 팬데믹 등등 말도 많고 탈도 많은 시간을 무심하게 지나쳤다면? 겸손한 자세로 지수만 추종했다면 얻을 수 있는 결과다. 삼성전자를 대입하면 강남 아파트보다 낫다는 말이 과언이 아니다. 주식 투자에 실패하고 강남 아파트로 투자를 전향한 친구는 나름 성공적인 투자라고 만족하지만, 내가 볼 때는 자화자찬일 뿐이다. 나야말로 20년 전 삼성전자 우선주를 팔아 후배의 폰지 사기에 날렸으니 이런 말을 할 자격이 있는지 모르겠다.

이 테스트는 저명한 투자자 윌리엄 번스타인William J. Bernstein도 제시한 적 있다. '성공적인 투자의 핵심은 단순히 구매 후 보유하는 것이 아니라, 구매하고 잊어버리는 것'이라고 충고한다.

∶ 돈을 빌려 투자할 때, 듀레이션 관리는 알아야……

자산을 평가할 때뿐 아니라 부채, 즉 남의 돈을 빌릴 때도 양에 해당하는 규모, 질에 해당하는 금리 수준은 누구나 생각한다. 하지만 언제까지 투자할 것인가는 생각하지 않는다. 내 돈으로만 투자할 때는 투자 대상만 보면 되지만, 돈을 빌리는 순간 고려해야 할 대상은 하나 더 늘어난다. 그 대상이 장첸이라면 만기가 다가올수록 중압감이 얼마나 커지겠는가?

돈 만지는 회사들 특히 은행과 보험사들은 사실 돈을 빌려 장사하는데, 이들이 가장 중요하게 생각하는 리스크 관리의 요소는 다름 아닌 자산의 시간과 부채의 시간, 이 둘을 최대한 일치시키는 것이다. 사실 나머지 양과 질은 고정되어 있다. 양으로 치자면 은행들은 자기자본을 기준으로 고객한테 빌릴 수 있는 돈(예금)을 최대치까지 끌어올리려 하고, 금리는 시중 금리에 적당한 마진 spread을 붙이는 정도다. 빌린 돈과 빌려준 돈의 기간을 일치시키려 하는 것, 이를 전문 용어로 '자산-부채의 듀레이션 매칭'이라고 일컫는다. 어려워할 필요 없다. 개념만 알면 되니까. 빌린 기한과 크기는 정해져 있지만 갚을 수 있는 시간과 현금흐름이 모호한 상황을 두고 '듀레이션의 미스 매칭'이라 할 수 있다. 이는 더 큰 낭패를 초래하게 된다.

보험사들은 연금보험을 판매한다. 가입자가 은퇴 후 소득을 보장받기 위해 젊을 때 꼬박꼬박 보험료를 내는 것으로, 보험회사에는 부채인 셈이다. 그런데 너무나 초장기 부채이기 때문에 보험사는 운용하는 데 많은 위험에 처할 수 있다. 무엇보다 수십 년짜리 채권이 없어서 딱 맞게 고객한테 빌린 돈과 매칭할 수 없다는 게 문제다. 한마디로 50년 후에 돌려주겠다고 빌렸는데 이 돈을 투자할 대상이 10년짜리 국채라면 5번 끊어서 투자해야 한다. 재투자 시점의 시중 금리가 은퇴자에게 보장한 수익률보다 떨어지면 보험사가 독박을 쓰게 되는 것이다.

반대의 경우도 있다. 은행 대출을 받으면 '중도상환 수수료' 조항이 반드시 있다. 자동차 할부도 마찬가지다. 금융회사들도 예금이라는 부채를 조달해서 대출해 주고 그 기간의 이자를 받을 수 있다고 셈을 하는데, 미리 갚아 버리면 다른 대출자를 즉시 구해야 하고 그렇지 않으면 돈이 놀게 된다. 이럴 때를 대비해서 중간에 갚는 경우 일종의 페널티를 물게 하는 것이다.

일찍 갚는 것이야 수수료로 해결하면 되지만, 만약 빚내서 투자한 기업이 거래 정지가 되거나, 주기로 한 높은 배당을 설비 투자에 쓰느라 못 준다고 하면 대출 이자나 원금을 못 갚게 될 수도 있다.

세상일이 다 내 마음 같지 않다. 해가 뜨고 지는 것처럼 평탄하고 뻔한 미래라 생각하지만 막상 가보면 그렇지 않은 경우가 대부분이다. 특히나 빚을 내서 투자한다는 것은 규모와 차입금리뿐 아니라 시간을 염두에 둬야 한다. 시간의 차이를 극복하지 못하면 모든 스텝이 꼬일 수 있다.

코로나로 타격을 입은 여행주를 싸게 살 기회가 왔다. 인간은 다른 모든 것은 온라인으로 대체하고 적응할 수 있어도 노마드의 특질, 즉 방랑하고 여행하며 새로운 사람을 만나는 것은 포기하지 못한다. 온라인으로 아무리 많은 사람과 얘기하고, 교감을 나누어도 결국은 오프라인 만남에 이르러야 진정한 관계가 형성된다. 그런데 코로나 상황이 언제 끝나고, 언제 여행이 재개될 것인지 알 수 있는가? 시간의 문제지만 얼마가 걸릴지 모르는 시간 속에 도사리는 위험(견실한 투자 대상 여행사가 존속할 수 있을지)을 감내하려면 적어도 빚을 내는 투자는 지양해야 한다.

끝까지 살아남을 수 있는 유동성을 가진 여행사라면 매수하고, 현금이 빠듯한 여행사들은 숏을 치는 전략(공매도) 정도는 생각할 줄 알아야 한다. 지금 이 시점에도 어떤 헤지펀드는 투자에 앞서 이렇게 빌린 돈이 주는 시간의 압박을 이겨내는 방법을 찾고 있을 것이다.

나는 일명 '길목 지키기'라는 투자자를 너무 많이 봤다. 길목을 지키려면 적어도 과거시험 보러 가는 수험생의 현금을 턴 문경새재의 산적처럼 확실한 기회를 볼 줄 알아야 한다. 짝사랑하는 이성을 골목길에서 하염없이 축지고 기다려도, MT를 가서 들어오지 않는 건지, 다른 길이 있는지, 어제 이사 간 건 아닌지 알지 못한다. 몸도 버리고 마음도 아픈 게 이런 게 아닐까. 만약 자기 돈만 가지고 투자하면 모를까, 빌려서 투자할 때 그 기다림이 길어지면 분명 탈이 난다.

: 듀레이션 매칭 실패가 가져온 나비효과

갈 때는 3번 갈아타고, 올 때는 급행 직통으로 단번에 돌아오는 코스를 가정해 보자. 갈 때 30분, 올 때 20분이 소요될 것으로 예상하고 커피 한 잔 마시면 1시간 후 미팅을 무난히 지킬 수 있을 것 같다.

과연 미팅 시간을 잘 지킬 수 있을까? 이론으로는 문제없지만, 세상일은 대개 그렇지 않다. 3번 갈아탈 때 예상치 못한 변수가 따르기 마련이고, 그 뒤부터 급히 수습하다 실수로 또 다른 실수를 부르곤 한다. 영종도에 국제공항이 생기기 전, 토지보상금이 잔뜩 풀려서 금융상품 영업을 하러 선배를 따라간 적이 있었다.

당시는 다리가 지어지지 않은 상황이라 배를 타고 가야 했는데, 소요 시간은 대략 예측이 가능했다. 하지만 섬 안은 온통 비포장 상태라 택시도 오프로드 SUV일 정도로 험했다. 섬 안에서 지체된 시간을 만회할 길이 없어 돌아오는 배를 한 번 놓쳤다. 다음 배를 올라탔지만 이내 고장으로 바다 위에서도 시간을 허비했다. 배에서는 핸드폰도 터지지 않았다. 지점으로 돌아와 보니 행방불명 소동이 한바탕 벌어진 후였다. 여의도 본사에 다녀와야 하는 지점장의 중요한 심부름은 다른 직원이 대신했다. 착한 선배가 대신 깨지면서 일단락되었지만, 이때의 경험을 떠올리면 아직도 등에서 식은땀이 난다.

긴 시간과 거리에 노출되고, 예상치 못한 위험 때문에 실패한 어떤 사건은 우리의 삶에도 너무나 큰 영향을 끼친다.

1979년 이란에서는 이른바 이슬람 혁명이 일어나면서 서구화된 팔레비 왕조 체제가 무너지게 된다. 꿈속에서도 만나고 싶지 않은 무서운 인상의 호메이니는 타락한 서구 자본주의 문화를 일소하고, 신정일체의 이슬람 근본주의를 따르는 나라로 회귀시키려 했다. 당시 중동에서 미국 및 서방 국가와 가장 가까운 관계였지만, 이때부터 견원지간의 사이로 지금까지 이어지고 있다. 돌이킬 수 없는 관계의 시작을 알리는 결정적 계기는 이란의 미국 대사관에 무려 400여 일 동안 미국인이 감금된 사건이다.

이슬람 혁명이 너무나 급작스럽게 벌어지면서 테헤란에 있는 미국 대사관에는 50여 명에 이르는 미국인이 탈출하지 못하고 발이 묶였다. 이 중 일부는 이웃 캐나다 대사관으로 몸을 피하고 재기 넘치는 아이디어로 탈출하기도 했지만(영화 「아르고」의 소재), 대부분은 해를 넘기도록 갇혀 있었다. 다음 해 재선을 치러야 하는 카터 행정부 입장에서는 이 사태를 서둘러 해결해야 했지만, 외교적 접근은 아예 봉쇄되어 있었다.

초조한 카터 행정부는 무력을 동원하기로 했다. 작전을 구상하는 데 가장 큰 난제는 테헤란의 위치가 너무도 멀고 험하다는 것이었다. 테헤란은 카스피해를 뒤로하고, 페르시아해에서 너무 멀리 떨어져 있다. 게다가 해발 2,000미터가 넘는 고원지대에 있어 멀리서 다가오는 적을 너무 쉽게 발견하고 격퇴할 수 있다. 이런 지리적인 유리함으로 전쟁이 빈번한 중동에서도 수도 테헤란은 침략당하지 않았다.

미국과 허구한 날 미사일을 주고받으면서 전면전을 운운하지만, 사실 미국도 그 먼 거리를 들어가 고원지대로 올라가야 하는 위험을 무릅쓰기는 어렵다. 그러하니 서로 원거리 무력시위만 하다 며칠 내로 사라지는 이슈만 만들 뿐이다. 이때 원유ETF나 파생상품에 단기 투자 기회가 왔다고 거품을 무는 전문가들을 보면 지도를 보고 얘기하는지 의심스럽다.

당시 구출 작전을 짜는 미군은 이를 너무나 잘 알고 있었다. 테헤란에 이르는 사막 두 군데에 전진기지를 만들고, 급유와 정비를 할 셈이었다. 구출 후 돌아올 때는 수송기를 이용해서 한 번에 돌아온다는 복잡하지만 그럴듯한 작전을 구상했다. 독수리가 먹이를 낚아채듯이 멋지게 인질을 구출하려는 것이었을까, 작전명은 '독수리 발톱Operation Eagle Claw'이었다.

하지만 멋지게 낚아채기는커녕 첫 번째 전진기지 데저트 원Desert One에서부터 문제가 생겼다. 깜깜한 사막 한가운데 원유를 밀수하던 유조차가 지나가자 이를 적으로 오인한 특수부대원 하나가 대전차포로 공격을 시도했다. 그로 인해 생긴 큰 폭발은 멀리서도 확인될 정도였다. 더 큰 문제는 작전팀을 실어나르는 헬기에 문제가 생기면서 철수를 위한 재급유가 필요했다. 수송기로부터 재급유를 받기 위해 근접하던 헬기는 사막의 모래폭풍 때문에 제대로 조정할 수 없었고, 수송기와 충돌하면서 현장은 아비규환으로 바뀌었다. 허겁지겁 도망치면서 남겨진 미군 시신과 헬기 잔해는 이란의 요란한 선전 도구로, 미국 입장에서는 망신의 증거가 됐다.

아마도 두 차례 나눠서 오는 작전을 실행했어도 그 긴 거리에 도사리는 알 수 없는 위험 때문에 성공하기 어려웠을 것이다. 거리가 멀고, 시간이 길면 길수록 예상하지 못했던 위험과 맞닥뜨

돈의 거짓말

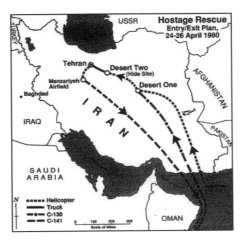

▲ 이글 크로우 작전 계획도, 먼 곳에 위치한 테헤란까지 접근하기 위해 몇 곳의 전진기지를 거치는 치밀한 계획을 세웠지만, 첫 번째 지점에서부터 사고가 생겨 작전은 대실패로 끝난다.

린다. 새롭게 대처해야 하는 상황에 부닥칠 수 있게 되는 것이다. 조급함과 혼란 속에 내린 이 대처 역시 상황을 악화시킬 가능성이 더 높았다. 눈에 보이는 물리적인 상황도 이러한데, 복잡계에 가까운 금융시장, 상대가 너무 많은 주식시장은 어떻겠는가.

1979년 사막에서 일어난 비극을 다소 억지스럽게 끌어들였지만 나름의 이유가 있다. 이 작전의 실패는 바로 전 세계와 우리의 삶을 새로운 국면으로 인도하는 계기가 되었기 때문이다. 미국 대선 직전에 있었던 이 사건의 여파로 민주당 카터 대통령은 재선에 실패하고, 공화당의 할리우드 삼류 배우 출신 레이건이 집권하게 된다. 공교롭게도 레이건 대통령의 취임 전날 이란은 미국 인질을 모두 풀어주었다. 카터 입장에서는 야속한 결말이 아닐 수 없다.

이후 레이건은 대서양 너머에 있는 철의 여인 영국 대처 총리와 손을 맞잡고 세상을 바꾸기 시작했으니, 바로 신자유주의 시대가 활짝 열리게 된다. 일해서 먹고살기 힘들어지고, 투자하지 않으면 배제되는 본격적인 양극화의 시대로 우리를 인도한 것이다.

돈의 거짓말

06 수제비의 레버리지

> 우리가 얻을 수 있는 성과와 돈은 우리가 하고 있는 일이 아니라,
> 하지 않고 있는 일의 양과 같다.
> ― 롭 무어Rob Moore, 『레버리지』 저자

⁚ 레이건과 대처의 레버리지

미국의 레이건 대통령과 영국의 대처 총리, 이 의남매가 1981년을 기점으로 열어젖힌 신자유주의 시대는 시작부터 거칠었다.

영화 「빌리 엘리어트」는 1984년 영국 더럼의 탄광촌을 배경으로 이야기를 끌고 간다. 언제 봐도 마음이 훈훈해지는 결말과는 대조적으로 당시 영국의 상황은 춥고 삭막하기 그지없다. 춤에 재능 있는 빌리는 남자답게 복싱이나 하라는 아버지의 충고를 무

시하고 글로브 대신 발레복을 선택한다. 결국 빌리의 재능과 의지를 이길 수 없던 아버지는 경제적인 문제를 해결해야 했다. 파업 중인 동료들을 등지고(배신자라는 비난을 받으며) 일터인 탄광으로 돌아간다. 빌리를 밝은 곳으로 보내고자, 파업의 주도자인 형 토니도 어두운 갱도로 다시 내려간다.

영화에 나오는 대부분의 배우는 광부 아니면 광부를 진압하는 경찰이다. 당시 파업의 배경은 대처 정부가 경제성 없는 탄광의 문을 닫으려 하면서 시작되었다. 75%의 탄광이 적자였고 광부들은 파업으로 맞섰지만, 1만 명 이상이 체포되고 1년 동안 월급이 끊기면서 동력은 점점 약해진다. 대처 정부는 외부의 적이라 칭한 아르헨티나와 포클랜드 전쟁(1982)에서 이기고, 내부의 적으로 규정한 탄광 노조도 제압하면서 신자유주의적 정책을 마음껏 밀어붙일 동력을 얻게 된다.

레이건은 어땠을까? 미국 항공관제사PATCO 파업은 미국 노사관계 역사에 중요한 전환점이었다. 집권 초기인 1981년 8월 3일, 우리나라 버스터미널보다 공항이 많다는 미국에서 항공관제사들이 파업에 돌입했다. 요구 사항은 임금 인상, 주 32시간 근무 등이었다. 이는 공무원 노조의 파업 금지를 위반한 것이다. 파업이 결행되자 레이건은 기다렸다는 듯 4시간 만에 '48시간 내에 복귀하지 않는 관제사는 해고되며 재고용은 없다'라고 으름장을 놓았

돈의 거짓말

다. 그리고 48시간 뒤인 8월 5일 공항으로 복귀한 1천여 명 제외한 11,345명을 전부 해고했다. 그리고 평생 연방 공무원에 취업할 수 없도록 하는 잔인한 조치까지 보탰다. 본보기를 보이기 위해 시범 타를 확실히 날린 셈이다. 아이러니한 점은 PATCO는 대선에서 레이건을 공개 지지했다는 것이다. PATCO는 파업을 시작한 지 80일 만에 해체되었고, 클린턴 행정부가 들어선 1993년에 이르러서야 공무원 취업 금지 조치가 해제되었다.

1980년대의 세계는 정치적으로는 동서 냉전의 갈등이 정점으로 치닫고, 경제체제는 신자유주의 시대로 접어들게 된다. 탈규제, 금융자본의 세계화를 표방하는 신자유주의의 물결은 레이건과 대처 집권 초반의 여러 저항을 이겨내면서 브레이크 없이 폭주하기 시작한다.

이번 주제는 레버리지에 관한 것이다. 빌린 돈으로 주식 투자를 하는 것은 투기에 가깝다는 상투적인 얘기를 하려는 건 아니다. 갭투자, 신용융자, 담보 대출 등 돈 버는 데만 쓰이는 하위 도구로 전락한 레버리지를 정상의 개념으로 돌아보고자 한다.

빚내서 투자하는 것은 레버리지의 너무 작은 일부다. 작은 힘, 적은 시간, 가벼운 도구를 이용해서 큰 결과를 얻는 것, 비대칭적인 결과를 얻는 모든 것이 레버리지의 범위다. 한발 더 나아가 보면 한정된 시간, 자원, 힘을 한곳에 집중해 더 큰 결과를 얻는 것은 물론이고, 쓸데없는 데 사용하는 것을 막는 게 레버리지의 또 다른 의미다. '열심히 일해서 좋은 성과를 얻자'고 야근을 다그치는 선배보다는 '조금 일하고 많은 성과를 거두는 방법을 찾아보자. 나머지 시간에는 놀자'라는 생각을 지닌 선배를 따라야 한다.

이러한 관점에서 보면 레이건과 대처가 노동자에 썼던 레버리지는 사례로서 적절(?)하다. 이후 쓸데없는 데 힘을 빼지 않아도 (그들 관점에서) 됐고, 우리 삶에도 너무 큰 영향을 발휘했다. 그 이유는 바로 자본주의 체제가 탈 없이 작동해 온 가장 기본적인 메커니즘인 '자본-노동'의 긴장 관계가 와해하기 시작한 탓이다. 긴장 관계라는 표현이 역설적이긴 하다. 하지만 어떤 상황에서든 균형이 이루어지려면 상호 간 적당히 밀고 당기는 일을 통해 체제가 유지되기 위한 타협점을 찾기 마련이다.

산업혁명이 시작되자 나무보다 4배나 높은 화력을 지닌 석탄의 수요는 끝없이 늘어났다. 당시 어린이들이 맨체스터 탄광에서 일하게 된 이유는 효율성 때문이었다. 작은 몸집은 좁은 갱도에서 유리했고, 적은 임금으로도 충분한 보상이 되었다. 물론 지금은 사라지고 없다. 비윤리적이고 일방적인 희생은 체제에 심각한 균열을 낳기 때문이다. 그 자리는 덩치 큰 빌리 아빠, 말 안 듣는 빌리 형 같은 어른들이 대체하게 된다. 자본의 입장에서는 효율

돈의 거짓말

성을 높이는 데 있어 노조와 정부의 규제가 제약으로 작용한다. 끝없이 수익성을 높여야 하는 태생적 운명을 지닌 자본은 이러한 제약에서 벗어나고 싶지만, 1930년대 대공황 이후 정부의 규제, 노동권의 강화로 더더욱 자기 힘을 발휘하지 못하고 있었다.

이러한 상황은 1970년대까지 이어지게 된다. 자본이 넘어야 하는 최종 허들, 노동의 반작용을 분쇄하기 위해 최대의 힘을 발휘하려는 지점에 영국의 탄광 노조 탄압, 미국의 항공관제사 대규모 해고가 있었다. 이후부터는 일사천리였다. 여러 규제 완화와 법인세율 인하가 이루어졌고 자본이 효율을 추구하는 행위는

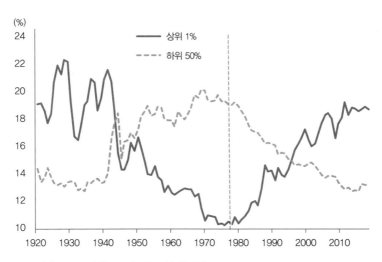

▲ 미국 상위 1% vs. 하위 50%의 소득 점유율 변화

다시 추앙받는 미덕이 됐다. 큰 것이 더 큰 것이 되고, 돈이 돈을 버는 시대로 접어든 것이다. 구구절절하게 보탤 것도 없이 양극화가 심해지는 상황은 상상이 아닌 우리의 삶 그 자체가 된 것이다.

두 파업을 무너뜨린 사례는 지엽적이다. 신자유주의 확산의 충분조건을 달성했다고 등치시킬 수도 없다. 이후 자본을 전 세계로 실어 나를 수 있는 금융 자유화 조치들도 중요했고, 자본주의 진영의 힘을 묶어두던 사회주의 세력의 몰락 역시 신자유주의 파급에 중요한 촉매가 되었다. 다만 두 파업에 발휘된 힘이 신자유주의 확산의 과정을 한결 수월하게 만든 것은 부인할 수 없다.

무엇이든 처음이 중요하다. 첫사랑은 물론이고, 처음 들이켠 소주의 맛, 처음 방아쇠를 당겼을 때의 화약 냄새, 처음 산에 올랐을 때의 성취감……. 오래 기억되고 남아 반복적인 행동의 길잡이가 된다. 대처와 레이건은 노동의 힘을 약화시켜야 하는 시대적 소명(?) 때문에 더욱더 파업에 강경하게 대처했겠지만, 무엇보다 초기에 승기를 잡아야 한다는 이유로 강한 힘을 쏟아부었다.

미국 대선의 풍향계라고 하는 뉴햄프셔주 프라이머리Primary(예비 선거)에 모든 후보가 사력을 다하는 이유도 마찬가지다. 대선 과정 중 당원뿐 아니라 일반 유권자들도 직접 참여하는 첫 이벤

트고, 여기서 1위를 놓친 후보가 대통령에 당선된 경우는 1952년 이후 단 3번뿐이기 때문이다. 자리를 지키는 것보다 앞선 누군가를 따라잡으려고 할 때 더 큰 힘이 들기 마련이다. 군기는 군대뿐 아니라 학교에서도 마찬가지라는 문화가 팽배하던 그 시절, 첫 학기 첫 수업에서 선생들은 항상 한 학생을 골라 교권의 존엄함을 폭력으로 확인시켜 주었다. 그래야 한 학기가 편하다고 생각했던 걸까.

: 레버리지 하거나, 당하거나, 돌려치거나

나는 이 책을 '발'로 썼다고 표현한다. 그러나 완성도가 형편없다는 자백으로 받아들이지는 않길 바란다. 그렇다고 발로 뛰며 답사와 인터뷰를 거쳤다는 의미도 아니다. 내용을 보면 대부분 개인적 경험과 크리스텐슨 교수와 같은 구루들이 남긴 족적을 따라가며 채웠을 뿐 많은 답사가 필요한 것은 없었다. 아이디어를 착안하고 생각을 정리하는 데 주변을 산책하는 것이 유난히 좋았다는 뜻이다. 그러다 보니 산책의 강도도 높아졌고, 원고가 마무리될수록 건강도 좋아졌다. 돌연사를 경고하던 중성지방 수치는 어느새 정상에 근접하고 있다. 작은 힘이지만, 같은 시간을 들여 더 좋은 결과를 얻거나 다른 데 쓸 시간을 아끼는 것이 진정한 레버리지다.

> 골프의 코킹 원리는 레버리지의 원리다. 야구나 라켓을 사용하는 테니스에서는 손목의 사용이 매우 중요하다. 힘이 발생하는 손목은 골퍼의 상체에서 발생하는 인위적인 팔의 힘에서 만들어지기보다는 원심력의 힘으로 발생되어야 한다. 골퍼의 코어를 중심으로 손목의 힘이 아닌 양손 원심력의 힘으로 손목이 자연스럽게 꺾이고 풀리면서 엄청난 스피드와 파워가 만들어지게 된다. 작은 힘으로 더 큰 효과를 내는 지렛대 원리는 내가 가진 원천적인 힘보다 더 강력한 힘을 만든다.
>
> — 어느 골퍼의 블로그

레버리지는 세상사의 물리 법칙처럼 모든 사업, 인간관계 등에 통하는 숨어 있는 성공 도구다. 키보다 작은 막대기로 작은 공을 멀리 보내야 성공할 수 있는 골프 스윙의 핵심도 레버리지와 같고, 가파른 경사를 쉽게 올라갈 수 있는 자전거의 기어, 적은 실린더의 수로도 마력을 높여주는 터보차저의 원리, 북한이 그토록 집착하는 핵무기의 위력 등 물리적일수록 레버리지는 큰 힘의 원천이 된다. 출중한 외모는 자기가 투자한 것도 없이 큰 힘을 발휘하고, 학벌은 청소년 시절 의자에 엉덩이를 희생한 대가치고는 혜택의 기간이 월등히 길다. 스테로이드와 뇌물이 근절되지 않는 이유도 투입보다 산출이 월등히 크고 확실하기 때문이다. 보험, 옵션, 갭투자, 레버리지 ETF, 곱 버스, ETN, CFD, 신용, 주식담보 대출 등 레버리지의 힘을 빌리는 금융상품은 얼마나 많은가? 존재하는 모든 단어에 '레버리지'라고 붙여서 검색하면 각각의 성공 사례들이 나열되기 마련이다.

무릇 제대로 된 레버리지는 사업에서 발휘할 때 가장 유용하다. 사업의 근간이 레버리지일 정도로, 신자유주의의 혜택을 가장 많이 입은 산업은 금융업, 자본시장이다. 또한 그 아이콘은 누가 뭐라 해도 골드만삭스다. 골드만삭스의 레버리지 증폭 구조는 다음 표와 같다. 주주들의 자본이 사업 밑천이 되어 부채를 일으키고, 고객들에게 금융상품을 팔면서 관리하는 자산을 늘려가는 구조다. 이 레버리지는 35배 정도 되는데 글로벌 금융위기를 거

구분	규모(십억 달러)	누적(십억 달러)	레버리지(배)
자본	96	96	1.0
직접 조달한 부채	213	309	3.2
재무제표 자산	1,163	1,377	14.3
관리 자산	2,145	3,308	34.5

치면서 절반으로 줄었다.

골드만삭스는 분산된 지배 구조를 지내고 있으므로, 이 증폭 구조의 혜택 역시 주주들이 고르게 누린다. 그런데 의문이 생긴다. 작은 지분으로 이 혜택을 독식할 수도 있지 않을까? 처음 레버리지를 잘 일으키면 가능하다.

다음 그림은 레버리지를 악용하는 여러 금융사를 조합하여 만든 가상의 A 증권사 사례다.

A 사는 3조 원의 자본을 가진 중견 증권사다. 그럭저럭 업계 평균의 실적을 올리고 있고, 큰 위험 투자를 하지 않기 때문에 이익에 부침이 없다. 그런데 대주주와 일가친척들의 지분율은 고작

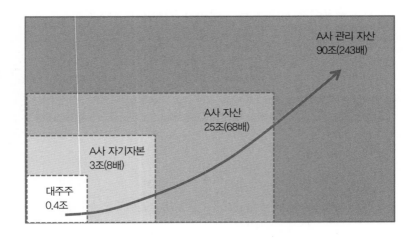

돈의 거짓말

15%에 불과하다. 하지만 나머지 주주들은 개미들로 분산되어 있고, 독사 같은 기관투자자 지분도 없어 대주주가 경영권을 행사하는 데 방해가 되지 않는다.

A 사는 RP, ELS 등 여러 금융상품을 직접 팔면서 자산 규모를 25조 원까지 늘렸다. 게다가 고객이 외부에 맡기는 펀드나 주식 등 흔히 말하는 '관리자산Asset under Management'까지 합치면 90조 원이다. 결론적으로 0.4조 원의 대주주 지분은 금융회사-금융상품 단계를 거치면서 243배의 레버리지를 끌어올린다. A 사가 관리자산 90조 원으로 0.1%(10bp)만 벌어도 900억 원의 이익이 나고, 이것을 전부 배당하면 대주주는 매년 135억 원을 챙길 수 있다. 그뿐이겠는가. 경영에 참여하는 대가로 업계 최고의 연봉과 성과급을 대주주와 온 가족이 가져간다. 사옥 주차장 관리도 직접 고용하는데 대주주의 고향 먼 친척이니 하대하지 말라며 대주주 4촌 동생의 대학 동문인 총무팀장이 귀띔한다. 이쯤 되면 돈도 돈이지만, 사회적 영향력까지 겸비하게 된다.

금융회사야 원래 이런 증폭 구조로 되어 있으니 자연스럽다고 치자. 그렇다면 일반 기업들은 어떨까? 기업 오너는 소수 지분을 가지고 기업의 의사결정을 독차지한다. 자회사를 지배하고 또 그의 자회사를 만들고, 순환출자까지 보태서 힘을 증폭하는 것이 일반적이다. 재벌도 그랬고, 플랫폼도 따라 하고 있다. 플랫폼은 자기가 1을 내고 상대가 9를 내서 합작투자사Joint Venture를 만들고 자기가 지분 6, 상대가 4를 가져가는 합리적인(?) 제안을 한다. 어리둥절한 셈법이지만 플랫폼의 독점 기반에 기대고 싶은 상대는 거절할 수 없다. 플랫폼은 6배의 효과를 얻은 셈이다. 나중에 기업 가치가 3배로 커지면 플랫폼이 가진 지분 가치는 처음보다 18배 커져서 돌아온다.

이게 모두 자본주의 최고의 발명품이라는 '주식회사' 제도를 잘 활용할 줄 아는 능력에 달려 있다. 주식회사 제도는 두 기둥이 떠받치고 있다. '분점성'과 '환금성'이다. 모든 산업의 규모가 커지면서 개인이 감당할 수 없는 규모로 자본이 필요하다 보니 찾아낸 방법이다. 여러 명이 나눠서 투자할 수 있는 것은 분점의 논리이고, 기존 투자자들이 더 큰 돈벌이에 자본을 전환할 수 있도록 현금으로 바꿔줘야 하는 필요가 환금성(거래소)의 출발점이다. 사업에 레버리지를 잘 쓴다는 것은 이 분점성을 잘 써먹는다는 말과 같다.

남의 돈을 내 것처럼, 남의 힘을 내 힘처럼 쓸 수 있는 것이 진정한 레버리지다. 그러니 대출받아서 주식 투자할 생각하지 말고, 알 까고 또 까는 사업에 접목할 생각을 해야 레버리지를 진정 이해하는 것이다. 대출받아 투자하는 것은 그저 큰 위험을 지는 것에 지나지 않는다.

레버리지가 성공으로 가는 계단을 의미한다면, 반대로 실패의 계단을 내려가야 하는 희생자도 만들 수 있다. 어머니의 끝없는 사랑이 아닌 이상 세상의 모든 상대와 관계된 일의 이해관계는 제로섬Zero-Sum이다. 유교적 관점에서 따져보면 부모의 사랑에 효도로 보답해야 하니, 무한히 비대칭적인 것도 아니다. 이익 또는 성과의 크기는 정해져 있다. 내가 갖는 것만큼 상대의 몫이 줄고 오히려 그 반대도 성립한다. 레버리지를 잘 내서 쉽게 우승한 골퍼가 있다면, 그보다 레버리지가 부족해서 상금을 놓친 많은 선수가 있을 수밖에 없다.

M&A 시장에서 일반화된 LBOLeveraged Buy-Out가 딱 알맞은 사례다. LBO는 레버리지가 근간이다. 보통 10%는 자기 돈, 나머지 90%는 대출을 통해서 활용한다. 이 정도는 부동산 갭투자에서도 일반적인데 뭐가 대단하냐 하고 반문하겠지만, 미국 등에서는 인수되는 기업이 가지고 있는 자산을 담보로 대출을 받기 때문에 극단의 레버리지로 불린다. 대출을 받는 사람이 자기의 소를 담보로 제공하는 게 아니라, 남의 집 소로 갚겠다고 하거나 심지어 그 집 소가 낳는 송아지로 이자를 갚겠다고 약속하는 광경을 연상해 보자. 얼마나 황당하겠는가.

LBO를 통해서 KKR 등의 사모펀드는 몇 푼 안 들이고도 막대한 성공을 거두었다. 이들은 전 세계를 돌아다니면서 일시적으로 유동성 문제를 겪는 기업들, 비용을 줄이면 금세 살아날 기업들, 성장 기회는 있는데 돈이 없는 기업들에 투자해서 막대한 이익을 거두고 있다.

LBO의 성공 이면에는 상당한 희생이 뒤따른다. 레버리지가 발휘되는 데 있어 언급한 방해되거나 불필요한 것들은 위협받을 수 있기 때문이다. 앞서 현대 자본주의 기업의 정의 "기업이 창출하는 잉여를 놓고 벌이는 이해관계자들 간 경쟁의 장"을 상기해 보자. 부동산 갭투자와 마찬가지로 LBO의 궁극적인 지향점은 투자된 돈보다 비싸게 기업을 팔아먹는 것이다. 비싸게 팔기 위해서는 결국 가치를 높여야 하는데, 주식의 평가는 결국 미래 이익의 크기에 달려 있다. 따라서 미래 이익을 크게 만들기 위해서는 기업을 둘러싼 이해관계자들에게 새어 나가는 비용을 줄이는 것이 전제되어야 가능하다. 이는 주주에게 흘러갈 몫이 커진다는 의미와 같다. 즉 LBO라는 레버리지의 극단적 도구가 성공하기 위해서는 고객, 채권자, 노동자, 정부에 지출되는 비용을 줄이기 위해 악착같이 노력하기 마련이다. 그 과정은 '도장 깨기'처럼 쉬운 상대를 골라 덤벼든다.

이 중에서 누구에게 지출되는 비용을 줄이는 것이 가장 쉬울까? 채권자다. 확보된 자금으로 비싼 이자를 지급하는 기존 대출을 끄면 되기 때문에 시작과 동시에 이 문제는 어느 정도 해결된다. 그다음은 누구일까? 바로 노동자다. 특히나 고정적인 비용이기 때문에 대부분의 LBO 이후에는 고정비 절감을 위해 엄혹한 구조조정이 따른다. 인수 초기에는 의례적으로 '현재로서는 구조조정 계획이 없다'라는 멘트를 날린다. 하지만 정부가 공적자금을 투입해도 구조조정은 따르기 마련이다. 이익의 극대화가 목표인 사모펀드가 하는 이 말은 '현재로서'라는 표현처럼 조건부일 뿐이다. 호랑이가 사냥감을 앞에 두고 '당분간은 건강을 위해 채식을 하겠다'는 선언과 다르지 않다.

회사가 어느 정도 정상화되고 돈을 벌기 시작하면 한번 더 레버리지를 일으키는데, 이때도 자기 돈이 아니라 회삿돈으로 처리한다. '자사주 매입과 소각'이 그것인데 회사가 번 돈으로 주식을 사들여 없애버린다. 이러면 주가는 크게 뛰고 비싸게 되팔 수 있는 또 하나의 필요조건을 갖추게 된다.

롭 무어는 자신의 성공 경험을 담은 책 제목을 아예 『레버리지』라고 지었다. 이 책의 핵심은 '레버리지 안 하면 레버리지 당한다'라는 경고다. 이 상황에서 취할 수 있는, 즉 레버리지 당하지Leveraged 않는 방법은 대출을 받거나 명퇴금을 보태서 자기 회사의 주식을 사고 자신을 주주의 지위로 바꿔버리는 것이다. 상대방의 성공 도구가 레버리지라면 그것은 동시에 나를 위협하는 도구가 될 수도 있다. 무술 영화의 고수들은 상대가 온 힘을 발휘해 자신을 칠 때 그 힘을 역으로 활용해서 상대를 쓰러뜨린다. 고로 나를 보호하기 위한 레버리지 수단을 상대에게서 찾을 줄 알아야 한다.

⁝ 수제비의 레버리지

어떤 선배는 유난히 싸고 맛있는 음식점을 많이 알고 있었다. 특히나 여의도에 유명한 수제비 식당에 자주 드나들곤 했는데, 한껏 기대하고 쫓아간 점심 자리가 수제비에 파전이 추가되는 정도라 적잖이 실망하곤 했다. 그가 이런 곳을 많이 찾아다니는 이유는 가성비가 좋다는 낮은 차원의 레버리지를 구사하는 것이 아니었다.

그의 논리는 이랬다. 영업하는 입장에서는 한정된 비용을 여러 사람한테 써야 하는데, 비싼 대접이 상대방에게 큰 효용을 주지 않는다는 것이다. 속된 말로 잘나가는 고객에게는 호텔 식당에 모셔도, 1++ 한우를 구워 입에 넣어드려도 '비용과 효용이 비례적'이지 않다. 그런 건 다른 세일즈맨이 하면 되고, 오히려 향수를 자극하거나 쉽게 접하지 못하는 음식으로도 충분히 호의를 각인시킬 수 있다고. 그는 수제비 그릇을 앞에 놓고 연신 강조했다.

돈의 거짓말

한직에 찌그러져 있는 고객에게는 수제비가 더 큰 힘을 발휘한다는 것이었다. 남들이 외면할 때 찾아가면 그렇게 고마워할 수 없을뿐더러, 수제비의 맛을 깊게 기억하는 법이다. 세상사 돌고 도는데 다시 힘을 얻거나 지위를 회복하면 그 보답은 다를 수밖에 없는 것이 인간이다.

그러면서 한마디 보탰다. 본인이 평생 나의 부탁을 딱 세 번 들어줄 테니 아끼고 아껴서 써먹으라고……. 레버리지를 자주 활용하지는 말고 필요할 때 쓰라는 말이다. 그분은 시장에서 큰 성공을 거두었고, 그 수제비 가게 옆에 큰 사옥을 둔 회사를 호령하고 있다. 아직 한 번도 써보지 못한 카드지만, 레버리지를 다루는 그의 습관을 곁에서 배우며 퉁쳤다고 해도 무방하다.

앞서 할인율이 가치 평가의 핵심이라 기술했다. 이론적으로 할인율의 구성을 더 분해해 보면 베타(β)라는 개념이 나온다. 시장에서 거래되는 주식이 같은 방향으로 움직이면서 얼마나 더 가격이 왔다 갔다 하느냐는 것을 의미한다. 시장이 1% 움직일 때 어떤 주식이 1.5% 움직인다면 베타는 1.5가 된다. 할인율은 분모이므로 작을수록 전체 가치의 평가는 커지게 된다. 신뢰와 일관성에 대한 지표다.

어떤 세일즈맨은 고객이 잘나갈 때만 잘하고, 상대가 힘이 빠지거나 아웃당하면 쳐다보지 않는다고 공공연하게 얘기했다. 이런 태도로 일관했다면 상대방도 분명 느꼈을 것이다. 그럼 이 세일즈맨을 평가할 때 상대방은 베타를 얼마나 잡을까? 물론 높게 잡을 것이고, 가치는 크지 않을 것이다. 투하되는 자원과 효용에 대한 일반적인 생각이 비난할 거리는 아니다. 그저 선택의 문제다. 반면 평소에도 고객에게 잘하지만, 한직에 간 고객에게 적은 비용이라도 살뜰하게 챙기는 선배에 대한 베타는 얼마일까?

하버드 경영대학원의 미히르 데사이Mihir A. Desai 교수는『금융의 모험』에서 '마이너스 베타' 같은 친구가 인간관계에 있어 높은 가치가 있다고 말한다. 어려움을 겪었을 때 쉼터와 보험을 제공하고, 우쭐거릴 때는 애써 붙잡아 균형감을 가지게 하는 사람 말이다.

▲ 영화 「빌리 엘리어트」의 한 장면

돈의 거짓말

소수자, 없는 자가 성공하기 어려운 신자유주의 시대에서 탄광촌 댄싱 보이 빌리는 런던 로열 발레단의 백조로 거듭났다. 그의 주위에 언제나 아낌없이 베푸는 마이너스 베타의 자산이 없었다면 불가능했을 것이다. 빌리의 밝은 세상을 위해 어두운 갱도로 다시 내려간 아버지는 물론이고 소년의 재능을 간파하고 헌신적인 가르침을 아끼지 않았던 윌킨슨 선생님 말이다.

우리 주위에 이런 대상들에 무엇이 있을까 떠올려 보면 화수분 같은 존재인 가족, 의지할 수 있는 친구와 선배, 아무리 써도 닳아 없어지지 않는 지식과 책, 삶의 교훈과 대리 체험을 압축해서 즐길 수 있는 영화, 예술 작품 등이 있다. 이 모든 것을 누리는 데는 큰 힘, 큰돈, 큰 시간이 들지 않는다. 작은 힘으로도 큰 가치를 얻는 레버리지의 원리는 돈 버는 데뿐 아니라 이러한 자산을 모으는 데 써야 하지 않을까?

비용(시간, 돈, 힘 등)과 가치(이익, 효용, 시간의 단축, 심리적 안정 등)를 각각의 축으로 놓고 매트릭스를 그려보면 어디에 한정된 자원을 집중할지 결정하는 데 큰 도움이 된다. 이 책의 소재나 관계된 것들로 매트릭스를 만들어보았다. 가치는 모두 주관적일 수밖에 없으므로 누구에게나 부합하지는 않을 것이다. 다만 매번 직면하는 선택의 시점에서 적어도 A, B에 속하는 것을 골라야 남은 시간에 더 가치 있는 일에 집중하고, 후회를 줄일 수 있지 않을까?

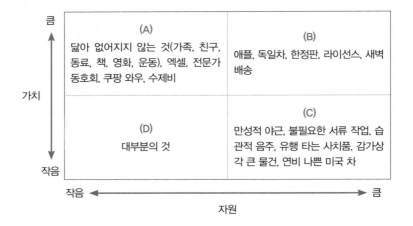

돈의 거짓말

✦ A lie about money ✦

투자와 삶의
무기가 되는 생각법

2부에서는 투자에 앞서 갖추어야 하는 기초 체력과 같은 요소를 살펴보았다. 이것은 어떤 대상이 지닌 고유의 속성과 운동 방식, 더 이상 미분할 수 없는 본질이다. 이 본질을 이해했다면 현실에 접목할 차례다.

그런데 여전히 막막하다. 할인율과 단순화 같은 추상적인 개념을 움켜잡았다고 투자에 승승장구한다고 자신할 수 없다. 우리의 삶이 그렇듯이 투자 역시 남의 손이 아닌 오롯이 자기의 의지와 능력으로 밀고 나가야 한다. 스스로 더 공부하고 익혀나가는 수밖에 없다.

3부에서는 그런 수고를 덜어주는 약간의 기술과 응용을 다룬다. 본질에 뿌리를 내린 상태에서는 그것을 활용하기 위한 수단과 기술이 필요한 법이다. 복싱으로 치자면 체력, 순발력, 맷집을 갖춘 상태에서 링에 올라 경기를 운영하는 기술 일부다.

꼭 투자에 국한된 기술은 아니다. 여러 경제활동에서 고민되는 순간, 더 나아가 삶의 고비마다 필요한 선택의 순간에서도 떠올려 볼 수 있을 것이다. 체력을 아끼면서 기회가 왔을 때 잡을 수 있는 능력, 길게 보고 여러 상황을 고려하는 접근법, 좀 덜 틀리거나 덜 손해 볼 수 있는 생각법 등을 다루고 있다.

01 확률론적 사고 1: 맥락과 기회

> 일어날 것 같지 않은 많은 일들이 일어나는 것이 확률의 일부다.
> It is a part of probability that many improbable things will happen.
>
> — 아리스토텔레스 Aristotle

⦂ 적산불하_한국의 큰 부자 탄생기

태평양전쟁이 한창이던 일제 말기, 김폭발 씨는 화약을 유통하는 반도화약공판에 조선인으로는 몇 안 되는 관리직으로 입사하게 된다. 망해가던 일제의 조선총독부는 전국의 화약공장을 전부 통폐합하고, 각 공장의 원료 및 생산품을 모두 반도화약공판에서 독점 유통하도록 지시했다. 전쟁의 막바지에 식민지 내의 물자를 효과적으로 수탈하고 사용하기 위한 목적이었다. 해방될 줄 모르고 관리자로 성실히 일하던 김폭발 씨는 일제의 패망과 함께 졸지에 실업자로 전락한다.

반도화약공판은 미군정으로 소유권이 귀속되었다가 남한 정부가 수립되면서 이전되었다. 이후 정부는 일본이 남기고 간 기업들을 민간에게 매각하는 작업에 돌입한다. 그런데 유독 화약을 다루는 이 회사만은 유찰이 계속되었다. 화약이라는 물건이 위험하기도 하거니와 좀 비싸게 불하한다는 인식이 퍼졌기 때문이었다. 주식으로 치면 위험물을 취급하는 기피 산업인데 컨센서스 목표 가격보다 시가가 높은 정도라 설명할 수 있겠다.

화약 산업에 종사하며 돌아가는 구조를 잘 알고 있던 김폭발 씨는 위험물 관리에도 일가견이 있었다. 어깨 너머 배운 지식도 있고, 일본인들이 남기고 간 매뉴얼을 통해 보완할 수 있었다. 유찰에 유찰이 거듭되면서 가격도 적당히 낮아진 마당에 더 기다릴 필요가 없었다. 모아둔 돈과 이런저런 돈을 융통해서 덜컥 이 회사의 주인이 된다.

한국전쟁 이후 1960~1970년대는 재건 과정에서 폭파 방식도 꺼리지 않고 고속도로 건설을 밀어붙이던 고도 성장기였다. 당연히 화약의 수요는 끝없이 늘었다. 유통의 독점권을 가진 상태에서 화약공장까지 인수한 김폭발 씨의 사세는 나날이 성장했다. 김폭발 씨는 나중에 이름만 대면 누구나 알 수 있는 대기업

돈의 거짓말

을 일구었다.

1945년 일본의 패망과 함께 진주한 미군정은 한반도 식민지에 남아 있던 일본인들에게 카운터 펀치를 날린다. 일본인, 일본 기업이 한반도에 축적한 재산, 즉 공장, 땅, 집 등의 모든 자산을 미군정으로 귀속한다고 포고한 것이다. 해방 전 한반도 총자산의 75%는 일본인의 것이었고, 산업시설 또한 94%에 달했다고 하니 엄청난 규모의 자산이 일시에 묶여버린 것이다. 일단은 미군정의 소유로 관리했는데, 1948년 수립한 이승만 정권은 이를 건네받아 다시 민간에게 유상으로 나눠주기로 했다.

이름하여 적산불하敵産拂下, 풀어 쓰면 '적이 남기고 간 재산을 나눠준다'는 의미다. 지금과 같은 정교한 평가 기준은 없었을 테니, 주먹구구식으로 적산의 가치를 매겼다. 매각하는 방식이 독특한데 총비용의 10~15%만 지불하고, 나머지는 15년에 걸쳐 7% 금리로 상환하는 것이었다. 요새 아파트 거래로 치면 보증금 10%만 내고 일단 들어와 살다가 15년 동안 잔금을 갚으면 소유권까지 넘겨주겠다고 계약하는 천사 같은 집주인을 만난 셈이다.

적산불하부터 1964년까지 소비자물가상승률은 300배가 넘는다. 7%의 이자를 낸다고 해도 잔금의 가치는 물가에 희석되어 갚으나 마나 한 수준으로 하락해 버렸다. 애초에 적산의 평가도 시가보다 낮은 수준이었다고 하니, 실제로 적의 재산을 불하받은 사람은 5% 남짓한 가격에 산 것이나 다름없다. 로또도 이런 로또가 없었다.

우리나라의 큰 부자, 재벌은 대부분 이렇게 탄생했다. 무주공산인 적산을 헐값에 불하받아 쉽게 돈 버는 기회를 얻었고, 한국전쟁 이후 대규모로 유입된 차관을 가져다 쓰면서 사세를 확장했다. 이 와중에서 한국 경제의 고질병인 정경유착의 관행이 굳어지기 시작했다. 이러한 결탁은 혼맥으로 이어졌다. 이름만 대면 아는 재벌 총수의 아내 중에는 당시 건교부장관, 내무부장관 등

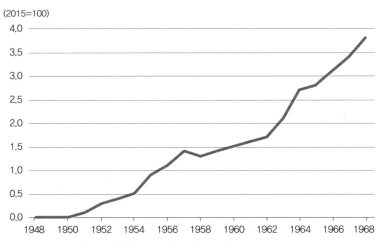

▲ 1948년~1968년 물가상승률 그래프(출처: 한국은행)

무슨 무슨 장관의 딸이 많았다.

　겨우 시가의 5%만 내고 헐값에 독점권을 가진 기업이나 대규모 설비를 가진 공장을 살 수 있던 기회가 흔하지는 않을 것이다. 확률로 보면 적산불하와 같은 사례는 아마 몇백 년에 한 번 올까 말까 한 희귀한 상황이다.

⦂ 기회는 반드시 온다, 어쩌면 아주 자주!

　세계적인 사모펀드 운용사 블랙스톤과 사모투자 회사 스타우드 캐피털 그룹이 지난 2021년 3월 미국 호텔 체인 익스텐디드 스테이를 약 6조 6,000억 원에 인수한다고 발표했다. 익스텐디드 스테이는 미국과 캐나다에서 3성급 호텔 체인을 운영하는 기업이다. 장기 투숙객 위주로 운영하는 방식 덕분에 코로나19 피해를 적게 입었음에도 비교적 저렴한 가격에 인수된 것으로 평가받는다.

　블랙스톤과 호텔업 분석 업체 STR에 따르면 지난 2020년 익스텐디드 스테이의 객실 점유율은 74%로, 전미 호텔업계 평균인 44%를 크게 웃돌았다. 세계 부동산 투자업계는 이번 익스텐디드 스테이 인수 사례가 호텔 투자심리 회복의 신호탄이 될지 주목하

고 있다. 블랙스톤은 상업용 부동산 시장이 부진한 시기에 기업 가
치를 제고한 뒤 여러 차례 큰 차익을 남긴 전례가 있기 때문이다.

대표적으로 블랙스톤은 2007년 리먼브러더스 사태 직전 힐튼
체인을 260억 달러에 인수했다. 인수 당시에는 매각가가 2008년
금융위기 이전 최대 규모로 평가받을 만큼 높은 금액으로 여겨졌
다. 하지만 상장사였던 힐튼을 상장폐지해 IPO라는 가능성 높은
투자비 회수 방식을 확보했고, 필요할 때 힐튼 자산을 매각할 수
있다는 조건을 달았다는 점이 알려지면서 결코 블랙스톤에 불리
한 조건이 아니었다는 투자은행 업계 평가가 이어졌다. 이후 블
랙스톤은 2013년 힐튼의 IPO로 100% 이상 차익을 얻었다.

—《WSJ》,《매일경제》,《연합뉴스》 기사를 묶어 재구성

역설적이게도 힐튼호텔 체인의 창업자인 콘래드 힐튼Conrad
Hilton 역시 대공황을 거치면서 파산한 호텔을 대거 사들여 성공의
기틀을 마련했다. 이처럼 반복되는 위기마다 호텔 시장에는 패자
와 승자가 뚜렷하게 나타난다.

글로벌 여행 플랫폼에 종사하는 친구와의 점심 자리에서 나는
큰 충격을 받았다. 친구의 회사는 코로나 사태가 터지면서 심각
한 어려움을 겪고 있었다. 만나기 전 확인한 친구 회사의 매출은
분기 50억 달러에서 10억 달러로 떨어졌고, 이 속도가 1년간 지

돈의 거짓말

속하면 현금은 바닥이 날 게 뻔한 상황이었다. 친구의 어두운 낯빛을 예상했지만, 의외로 밝은 모습은 물론이고 별걱정이 없어 보였다.

팬데믹이 시작되고 불과 2개월이 지난 시점에 큰 헤지펀드로부터 대규모 자본을 수혈했다는 것이다. 조건은 엄격한 비용 관리, 바꿔 말하면 '생존'이었다. 코로나 사태는 어떤 형태로든 해소될 것이고, 고통의 과정에서 현금 유동성이 없는 후발 주자들이 먼저 나가떨어지기 마련이다. 자연스럽게 업계의 과점 현상은 더욱 강해지고, 글로벌 넘버 1, 넘버 2인 친구의 회사는 생존만 하면 더 큰 수혜를 누릴 테니 숨만 쉬고 살아남기만 하라는 것이었다. 아무리 세상이 디지털화되고 먹고살기 어려워도 여행 다니고 싶은 근성은 본능이기 때문에 가장 먼저 수요가 강하게 폭발한다는 예상이었다. 비용 구조의 합리화를 계기로 삼으면서 그날을 기다리라는 조건이었다.

되레 친구는 반문했다. "요즘 증권사들은 대체 왜 투자랍시고 해외 호텔들을 그렇게 무리하게 비싸게 사들이냐? 도대체 의사결정권자 주변에 여행, 호텔업에 대한 조언을 해주는 사람이 있는 거냐?"

친구의 논리는 이랬다. 20년간 이 산업에 종사하면서 보니 '놀고먹는 산업'은 매우 부침이 크다. 거꾸로 보면 흥망의 과정에서 투자 기회가 너무 자주 온다는 것이다. 호텔 같은 사치재는 더욱더 그렇다는 말이었다.

1997년 아시아 외환위기(우리나라는 IMF 위기), 2000년 닷컴 버블 붕괴, 2001년 9.11테러, 2003년 사스 사태, 2004년 동남아 대지진과 쓰나미, 2008년 글로벌 금융위기, 2010년 남유럽 재정위기, 2011년 동일본 대지진, 2015년 메르스 사태, 2016년 사드 위기, 2020년 코로나 사태 등을 쉴새 없이 열거했다. 그러면서 모든 사회경제적 이슈가 발생할 때마다 호텔 객실 점유율은 요동을 쳤고, 막대한 부채를 일으켜 확장했던 호텔과 여행사들은 자빠지기 일쑤였다고 한다. 알짜 매물을 알아볼 수 있는 눈과 자금 동원력이 있는 경우, 이때마다 상당한 부를 일군 사람들이 많다고 했다.

돌아와서 친구의 말을 검증해 보고 싶었다. 출장도 많고, 여행자도 많은 곳을 찾다 보니 역시나 홍콩, 싱가포르가 눈에 띄었다. 좋은 호텔이 많고 비즈니스 용도의 호텔도 많을 수밖에 없다. 마침 두 도시는 장기간의 관련 데이터도 공개되어 있었다.

위에 열거한 사건들에 홍콩과 싱가포르 호텔 객실의 가동률을 대입해 보았더니, 경험 많은 내 친구의 논리가 정확했다. 가동률은 비례적으로 내려가지 않았다. 20%도 안 되는 가동률이나 20~50% 사이의 가동률을 보인 횟수의 차이가 거의 없었다. 평균이 이러니 낮은 등급의 호텔의 상황은 어떻겠는가

돈의 거짓말

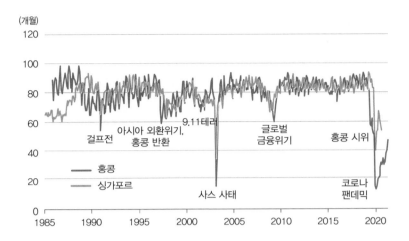

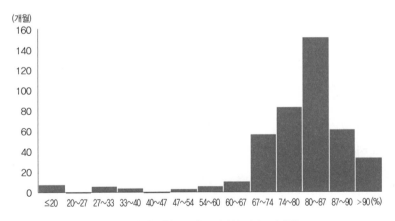

▲ 홍콩과 싱가포르의 호텔 객실 가동률(출처: 홍콩 관광청, 싱가폴 관광청)

친구 말로는 호텔 객실의 점유율이 100%에 육박하는 시기는 그리 길지 않은데, 이를 근거로 가치를 평가하고 레버리지를 크게 동원하면 쉽게 출현하는 자잘한 위기도 넘기기 어렵다고 한다. 한때 10배 레버리지를 동원해 모텔을 인수하고 개조해서 중국인 관광객 대상으로 호황을 누리던 시절은 사드 위기로 3년을 넘기지 못했다고 첨언했다.

블랙스톤이나, 친구 회사에 투자한 헤지펀드나 반복적으로 나타나는 위기를 투자로 삼는 재간이 대단할 뿐이다.

큰 부자가 되는 방법과 성공 사례들은 매우 흔하지 않은 기회가 만들어 낸 행운이다. 하지만 이들의 노력 역시 인정하지 않을 수 없다. 묵묵히 일하고 검소한 생활을 하면 결과적으로 알토란 같은 자본을 쌓을 수 있었다. 또한 세상 물정에 밝고 남들이 놓칠 수 있는 부분을 간파할 수 있는 전문적인 눈을 가지면 대상의 가격이 싼지, 아니면 매우 싼지 알아볼 수 있는 법이다.

그럼 작은 부자는 어떻게 생길까? 마찬가지다. 대공황이나 적산불하처럼 수백 년에 한 번 올까 말까 한 기회 정도는 아니더라도, 위기와 회복이 숱하게 반복되는 것이 세상의 이치다. 그럴 때마다 금융시장은 가격의 변동을 보인다. 이때를 기회로 삼는다.

주식으로 큰돈을 번 부자들은 주로 1997년 외환위기 이후의 회복 과정에서 기회를 거머쥐었다. 2008년 글로벌 금융위기 당시 온 세상에 가득한 버블이 무너지면서 대공황 못지않은 혹독한 겨울이 온다고 했을 때, 플랫폼 기업을 중심으로 성공을 거둔 이들이 나타났다. 코로나 바이러스 역시 같은 기회를 제공했다. 흔히들 10년에 한 번은 하늘 문이 열린다고 하지 않는가?

수많은 인간이 벌이는 일의 결과는 항상 정규분포의 모습을 띠고 있다. 엘리자베스 2세 여왕과의 만남에도 지각을 했다는 러시아 푸틴 대통령이 아닌 이상 대부분의 사람은 미팅 시간을 잘 지키고, 이를 전제로 하루에도 몇 번씩 약속을 잡는다. 운전대를 잡은 대부분의 사람은 과속하지 않고, 초등학교 앞에서 속도를 줄이며, 빨간색 신호에 반사적으로 멈추기 때문에 자동차라는 문명의 이기를 누릴 수 있다. 이렇게 표준 정규분포 곡선은 어디에도 존재한다.

하지만 양쪽 꼬리에 해당하는 극단적인 상황도 제법 목격하게 된다. 나의 어시스턴트로 배속된 신입사원은 1주일에 4번 정도 지각을 하고, 1달에 1번 정도 점심 지나 출근하고, 3개월에 1번 정도는 휴대폰을 꺼놓고 무단결근을 하곤 했다. 세상에 그렇게 간 큰 신입사원이 어디 있냐고 의아해할 수 있지만, 인사팀 직원 말로는 회사가 생긴 이래 수만 명의 직원 중 몇 번 있었다고 하는 걸 보면 이 역시 정규분포로 설명이 불가능하지는 않다. 왜 하필

이면 나와 일하게 되었는지 나의 불운함을 탓할 수밖에 없었다.

특히 금융시장에서는 이러한 두꺼운 꼬리에서 투자의 승부가
갈리는 경우가 너무 흔하다. 금융위기의 빈도를 보면 개도국은
물론 선진국도 이전보다 더 짧은 기간 동안 더 많이 일어나고 있

은행 위기의 빈도

구분	선진국	개발도상국
1947~1979년	3	17
1980~2007년	17	127

▲ 〈World Economic and Social Survey 2010〉(출처: UN/DESA, based on data in Reinhart and Rogoff(2008), table A3.)

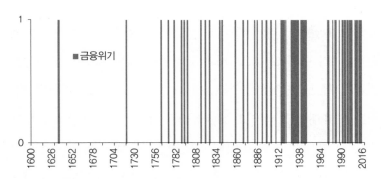

▲ **역사를 통해 본 금융위기의 발생** (이진 변수: 1 = 위기)
　　(출처: Deutsche Bank, Author's calculations)

돈의 거짓말

다. 1947~1979년 대비 1980~2007년 사이에 선진국은 5배, 개도국은 7.5배가 늘었다. 1980년대 이후 신자유주의의 세계화, 즉 금융 자본이 전 세계를 무대로 팽창하고 모든 국가의 경제 구조가 수직적, 수평적 결합이 심화하면서 이러한 위기가 간헐적인 것이 아닌 일상적인 것으로 자리 잡은 것이다.

이러한 거시적인 관점을 차치하더라도, 글로벌 금융시장에 깊숙이 편입된 우리나라 주식시장은 높은 변동성을 띤다. 가격 변화가 너무나 빈번하다. 다음 그림은 신용융자, 즉 증권사에서 돈을 빌려 주식을 사는 일명 '빚투'의 일간 변동성을 나타낸 것이다. 역시나 정규분포의 외형을 보이고 있고, 그 변동 폭은 -1~+1% 사이에 집중적으로 분포한다. 정규분포의 양극단은 너무 희귀해서 잘 눈에 띄지 않는데, 이를 시계열로 나타내 보면 이러한 변동이 매우 이례적으로 크게 나타나는 경우를 심심치 않게 찾을 수 있다. 하루에 신용융자 규모의 가장 큰 감소는 2008년 금융위기의 -16.3% 그리고 최근 코로나 바이러스 사태 직후의 -10.1%의 기록이다. 16% 감소가 별거 아닌 것 같지만, 빚을 낸 투자의 비중이 이 정도 줄어들려면 반대매매(담보 비율 밑으로 주식 가격이 하락해서 투자자 의지와 무관하게 강제로 주식을 매각)가 실행되었다는 것이고, 담보 비율을 고려해 살피자면 개별 주식의 경우 반 토

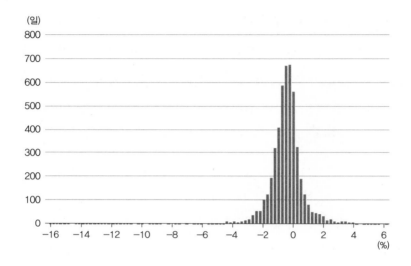

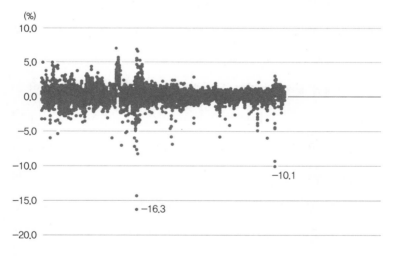

▲ 신용융자 전일 대비 증감율과 분포

막이 난 상태일 것이다.

그리고 더 주목해야 할 것은 10%가 넘는 신용융자 감소는 어쩌다 나오지만, 대략 15% 내외의 주가 하락 이후 찾아오는 5% 수준의 신용융자 감소는 흔하게 목격된다는 사실이다. 특히 2000년 이후로 보면 신용융자의 증감률이 +5% 이상인 경우는 9일인 반면, -5% 경우는 이보다 2배 많은 19일에 이른다.

세계 경제를 쥐락펴락하는 미국, 중국, 일본의 틈바구니에서 수출로 연명하는 산업 구조뿐 아니라, 북한이라는 적대적 존재와 공존하는 세계 유일의 지정학적 리스크가 있는 우리나라는 자원이 많고 내수 서비스 중심인 북유럽, 남태평양의 나라들과 변동성의 크기와 빈도가 다를 수밖에 없다.

피겨스케이팅처럼 심사위원 여럿이 참여해 평균값이 높은 순으로 순위를 정하는 경우, 가장 높거나 가장 낮은 점수 즉 극단값은 제외하는 경우가 많다. 이는 나름 주관적인 편향을 제거하기 위한 방법이고 합의에 의한 룰이기 때문에 모두 수긍한다.

하지만 금융시장에서는 이렇게 희귀한 상황이 오더라도 가격 변동을 보정해 주는 공정한 '주최 측'이나 수단이 없다. 만약 가격이 극심하게 하락해 나쁜 방향으로 전개된다면, 피해는 기존 투자자의 몫일 뿐이다. 반대로 희귀한 검은 백조나 그보다 자주 흰 백조가 두둥 하고 우리 앞에 나타날 때는 작은 부자가 여럿 탄생한다.

:확률은 생각의 수단이지, 계산의 수단이 아니다

'천재들의 실패'. 월가의 쟁쟁한 채권 트레이더들과 나중에 노벨 경제학상까지 받은 2명의 석학을 모셔서 만든 LTCM Long-Term Capital Management의 사례를 일컫는 수식이다. 예상치 못한 위기가 출현하면 수시로 LTCM의 실패가 소환되어 조리돌림 당하곤 하는데, 아마 천재들의 실패라는 상징성이 뚜렷해서인 것 같다.

LTCM은 경제학과 숫자 천재들이 모여 정교한 계량모형을 활용해 엄청난 이익을 얻었다. 유동성이 풍부하고 효율적인 '완전경쟁 시장'의 수익률은 종 모양의 정규분포 형태를 따른다는 가정으로 모형을 설계했다. 너무나 정교한 모형이라 엄청나게 이례적인 상황이 아니면 절대 손실이 나지 않게 설계했고, 이 자신감은 30~40배가 넘는 레버리지를 일으키는 원동력이었다. 회사의 자본 전체가 손실이 나려면 10의 24제곱에 해당하는 확률의 사건이 발생해야 하는데, 이는 측정할 수도 없는 무의미한 가능성이다.

매년 30%를 넘나드는 수익률을 투자자들에게 안겨주면서 너도나도 투자하겠다고 줄을 서는 것은 당연지사. 한때 전 세계 채권의 5%를 이 헤지펀드 혼자 보유할 정도였다. 하지만 회사 이름이 무색하게도 좋은 시절은 길지 않았다. 1997년 아시아 여러 나

돈의 거짓말

라를 고통으로 몰고 간 외환위기의 여파가 가라앉지 않고 있던 1998년 봄, 수익률에 균열이 나타났다. 여름을 지나면서 러시아가 채무불이행, 전문 용어로 '배 째라 전략'을 선언하자 전 세계 모든 채권 투자자는 안전 자산인 미국 국채로 쏠리기 시작한다. 천재들의 정교한 모형은 예상치 못한 상황에서 힘을 쓰지 못했다. 레버리지까지 가세하면서 손실은 악화일로를 걷게 된다. 약 2주 만에 LTCM의 전체 자산의 절반에 달하는 손실이 발생하고, 추가 납입금이 필요한 상태에 빠진다. 눈부신 수익률을 믿고 투자금을 빌려줬던 금융기관의 건전성에 악재가 전염될 것을 우려한 연방준비은행이 구제 금융을 하면서 위기는 일단락된다.

LTCM 위기를 촉발한 러시아는 사실 1917년 레닌이 주도한 사회주의 혁명의 성공 이후 채무불이행을 선언한 전례가 있었다. 민중혁명으로 수립된 소련 정부가 전제군주국 러시아의 부채를 떠안을 이유가 없다는 것이었다. LTCM의 위기를 촉발한 사건은 불과 80년 전에도 동일하게 발생했다. 10의 24제곱. 지구가 수십만 번 태어나고 사라져도 발생할 수 없을 것이라던 사태가 보통 사람의 생애 주기에도 못 미치는 짧은 시간에 다시 일어난 것이다.

5%의 확률로 검은 돌이 나오는 경우, 19번을 던져 계속 흰 돌

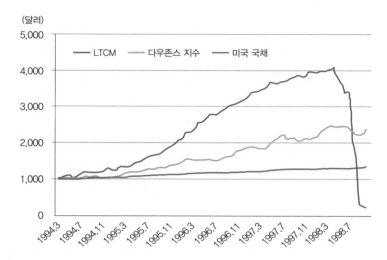

(달러)

LTCM　　다우존스 지수　　미국 국채

1994.3 1994.7 1994.11 1995.3 1995.7 1995.11 1996.3 1996.7 1996.11 1997.3 1997.7 1997.11 1998.3 1998.7

▲ 1천 달러를 투자했을 경우의 수익

이 나왔다면 마지막 20번째에서는 반드시 검은 돌이 나올까? 확률로 보면 당연히 나와야 한다. 하지만 검은 돌은 안 나올 수 있고, 제일 처음 나왔을 수도 있다. 확률을 기계적으로 해석하다 보면 낭패 보기 십상이다. 사건이 일어나는 전후 상황, 인과관계, 세상 돌아가는 사정 등등 놓치지 않고 따라가면서 확률을 높이는 자세가 중요한 이유다.

"왜 동지를 팔았나?"

돈의 거짓말

"몰랐으니까, 해방될 줄 몰랐으니까. 알면 그랬겠나."

영화 「밀정」의 한 장면이다. 김구 선생에게 타고난 레지스탕스라고 칭찬받던 독립군(이정재 역)이 밀정으로 전향한 이유는 허무했다. 해방될 줄 몰랐으니까. 로마제국은 망하는 데만 500년이 걸렸고, 보통 중국의 제국도 200년은 건재하지 않았나. 그렇게 강력했던 일본제국이 36년 만에 조선 반도에서 쫓겨날 줄, 그들이 남긴 적산이 헐값에 팔릴 줄 어찌 알았겠나.

물극필반物極必反, 사물의 전개가 극에 달하면 반드시 반전되는 법이다. 1940년대에 접어들면서 반전의 신호는 이미 여기저기에서 나타났다. 무기를 만들 재료가 부족해지자 조선 반도 구석구석 숟가락, 놋그릇까지 징발해 가는 일제의 곤궁함을 보며 이제 전쟁의 추는 기울었구나, 해방이 멀지 않았다는 맥락을 고려 못한 것이다.

이때야말로 일본이 사라진 진공 상태를 대체할 여러 기회를 모색하는 센스와 알뜰히 모아둔 자본력을 기회에 투자할 줄 아는 실천력이 필요했다. (물론 영화와 달리 일제의 밀정 노릇을 했던 인간들은 해방 후 반공 투사로 변신해 콧수염 기른 일본 순사들을 대체해 잘 먹고 잘살긴 했다.) 사건은 언제 어떤 모습으로 일어날지 모른다. 하지만 일어난다는 사실만은 분명하다. 완전한 모형도, 완전한 제국도 없다.

큰 부자든 작은 부자든 이들에게는 공통점이 있다. 결국 찾아오는 기회, 그것도 생각보다 자주 찾아오는 기회를 기다리며 착실히 자본을 모으고, 세상에 귀를 열어놓고 있다가 강력한 실천력을 발휘한다는 것이다.

하지만 피를 차곡차곡 쌓아가야 오광의 희열을 맛볼 수 있는 것이다. 모든 판에서 오광만 쫓아다니다 보면 피박은 물론이요, 광박의 수모를 피할 수 없게 된다. 내가 생각하는 확률론적 사고는 맥락과 결합해야 빛을 발한다.

02 확률론적 사고 2: 베이지안 추론

확신을 갖고 시작하면 의심으로 끝날 것이고,
의심을 갖고 시작하면 확신으로 끝날 것이다.
If a man will begin with certainties, he shall end in doubts;
but if he will be content to begin with doubts, he shall end in certainties.
— 프랜시스 베이컨Francis Bacon

: 한일 무역 갈등, 광복절, '봉오동 전투'

2019년 초여름 한국 시장은 혼란스러웠다. 일본은 갑자기 한국
에 대한 수출관리 규정을 개정했고, 반도체와 디스플레이 공정에
이용되는 불화수소 등에 대한 수출 규제를 7월 4일부터 시작했다.

한일 무역 갈등은 강제징용에 관한 한국 법원의 판결 등 과거
사 문제에서 출발했기 때문에 경제적인 영향을 떠나 정치적, 사
회적 휘발성도 매우 컸다. 관련 기업들의 주가 하락은 물론이고,

반일 감정이 고조되면서 한국에서 장사하는 일본 기업들은 여론과 시민들에 못매를 맞았다. 안 쓰고, 안 갑니다 등등 온라인 오프라인을 가리지 않고 경제적 보복이 시작되었다. 심지어 일식집도 피하는 분위기가 팽배했다. 일본 자동차 브랜드의 마케팅을 담당하는 친구는 엎어진 김에 쉬어 간다며 남는 시간을 메우기 위해 위로주를 사라고 여름 내내 졸라댔다.

2010년 센카쿠 열도의 영유권 분쟁으로 촉발된 중일 갈등과 비교해 보면 전개 양상이 크게 다르다. 당시 중국에서는 시위대가 토요타 매장에 불을 지르는 등의 화끈한 불매운동의 영향으로 일본 차 판매가 절반으로 떨어졌다. 일본이 거대 시장을 잃을 수 있다는 불안감에 떨던 상황에서 중국의 희토류 수출 금지 카드 한 방은 일본에 KO 패를 안겨줬다. 하지만 한국의 내수 시장은 작다. 지금도 그렇지만 대부분 소비재의 경쟁력은 크게 차이가 나지 않는 상황이었다. 더욱이 쓸 만한 보복 카드가 없어 군사 정보 교류의 잠정 중단 정도가 고작이었다.

경색과 혼란은 오래 갈 것으로 보였다. 투자 기회임이 분명했다. 하지만 마땅한 아이디어가 떠오르지 않았다. 수입 대체와 관련된 기업들의 주가는 곧바로 오른 상황이었다. 막내에게 자전거를 가르쳐주느라 동네 공원에서 땀을 흘리고 있던 차에 시내버스에 붙은 광고판이 눈앞에 지나갔다.

돈의 거짓말

"모두의 싸움, 모두의 승리" 「봉오동 전투」

이 영화의 포스터는 지금 봐도 가슴 깊은 곳에서부터 '국뽕'이 차오른다. 포스터만으로 작품성은 가늠할 수 없겠지만 광복절을 앞두고 개봉하는 데다 반일 감정이 고조된 국면에서 흥행이 괜찮지 않을까 하는 기대를 주기 충분했다. 출연진도 나름 화려했다. 투자, 배급, 제작사 등의 밸류 체인 중 투자할 수 있는 주식이 있을까 하는 고민은 금세 풀렸다. 배급사는 상장되어 있었고, 전 작품들의 흥행이 신통치 않아 주가는 2년째 내리막길을 걷고 있었다. 재무 상태도 주가를 증명하고 있었다.

역시나 이 영화에 대한 관심은 나날이 커졌고, 중간중간 한국과 일본의 상호 간 대응이 타오르며 감정은 격앙되고 있었다. 게다가 한 달 앞으로 다가온 2019년 광복절은 3.1운동의 100년이 되는 해였기 때문에 의미가 남달랐다. 대통령의 경축사도 강한 어조가 담길 것이 분명했다.

반일 감정의 분위기가 고조되어 가면서 배급사의 주가도 반응하기 시작했다. 개봉일 직전까지 불과 한 달 동안 35% 상승했다. 관객을 500만 명 동원했으니 흥행은 좋았고, 나의 투자 성과도 제법 쏠쏠했다.

이 장에서 말하고 싶은 건 이 에피소드의 결과보다는 과정에 있다. 버스 광고판을 조우하고 나서 대상을 찾고, 확신의 강도를 높여가는 과정 말이다.

⠿ 베이지안 추론

확률을 계산하는 관점은 대표적으로 두 가지가 있다. 빈도주의 Frequentist 관점은 관찰된 전체 사건에서 원하는 경우의 수가 차지하는 비율이다. 주사위나 동전을 던져 특정 값이 나오는 확률이 그것이다. 동전을 몇 번 던져야 앞면이 나올 확률값에 도달할 수 있을까? 물론 많이 던질수록 50%라는 유의적인 결과에 도달하겠지만, 투자는 이보다 복잡한 상황인 데다 우리에게 주어진 시간은 한정적이다.

다른 하나는 베이지안Bayesian(베이즈라고도 하며 실험으로 정보를 얻은 후 가설 확률을 업데이트하는 통계적 방법) 관점이다. 주관성에 의존한 접근이지만 우리가 맞닥뜨리는 대부분의 상황(빈도주의 확률의 결과치가 없는)에 적용할 수 있다. 나는 단기적인 투자 아이디어를 실행할 때는 일명 베이지안 관념의 생각 틀을 자주 동원한다.

베이즈 정리는 조건부확률에서 출발한다. 어떤 사건이 일어났다는 전제에서 가설이 참 혹은 거짓일 확률을 따진다. 베이즈 정

돈의 거짓말

리를 쉽게 이해하기 위해 다음 사례를 보자.

김 씨는 소위 말의 절반 이상이 거짓인 사람이다. 빈도로 보면 60%가 거짓이라고 주위 사람들이 한결같이 얘기한다. 어느 날 김 씨는 자기만 아는 내부자에게 정보를 받았다며 그럴싸한 투자를 제의한다. 이때 90%의 정확도를 가진 거짓말 탐지기를 통해 이 투자가 사기(참인 가정)인지 판단해 보자.

베이지 정리에서는 세 가지를 추정한다.

첫 번째(A)는 사전확률이다. 이 사례에서 주어진 김 씨의 말이 거짓이라는 확률은 60%다. 이는 이미 알려진 지식에 의존하므로 사전확률이라고 표현한다.

두 번째(B)는 가정이 참(김 씨의 투자안이 사기)이라는 조건에서 거짓말 탐지기가 제대로 작동해 거짓으로 판단할 확률이다. 사전확률 곱하기 거짓말 탐지기 정확도, 즉 60% × 90%로 54%의 값을 얻는다.

세 번째(C)는 김 씨의 투자안이 사실인데 거짓말이라고 판단할 가능성이다. 이는 거짓말 탐지기가 10%의 확률로 틀릴 수 있다는 식으로, 40% × 10%를 계산해 4%라는 값을 얻는다.

A: 사전확률 = 통상적으로 판정된 거짓말일 가능성

B: 거짓말한다는 가정에서 탐지기로 거짓을 판단할 가능성

C: 거짓을 말하지 않는다는 가정에서 탐지기로 거짓을 판단할 가능성

사후확률 A' = A×B/{A×B+C(1−A)} = 93.1%

내뱉는 말의 절반 이상이 거짓인 사람을 믿고 어떻게 투자를 할 수 있느냐, 굳이 이런 과정을 거치지 않아도 당연히 말을 섞지 말아야 하는 것 아니냐고 할 수 있다. 하지만 베이지 정리를 활용한 영역은 매우 넓다.

또 다른 사례를 보자.

한국의 갑상샘암 발병률은 세계 평균의 10배라고 한다. 실제로도 주위에서 자주 목격되기도 하고, 예전에 팔았던 갑상샘암을 보장하는 암 보험은 보험금이 너무 많이 지급되어 한마디로 폭망했다. 성인 여성 중 갑상샘암 발병률은 0.06% 정도다. 실제 갑상샘암에 걸린 사람의 99%가 조직검사에서 양성 반응을 보이고, 걸리지 않은 사람에게는 2%가 양성 반응을 보인다고 가정하자. 만약 어떤 여성이 조직검사 결과 양성 반응을 보였다면 이 사람이 실제 갑상샘암에 걸렸을 확률은 얼마일까? 이 상황이 나에게 닥친다면 어떻게 대처해야 할까?

앞선 사례와 마찬가지로 풀어보면 다음과 같다.

A: 사전확률 = 통상의 발병률 0.06%

B: 갑상샘암에 걸렸다는 가정에서 조직검사 결과가 양성으로 나올 가능성

C: 실제로 암에 걸리지 않았는데 조직검사 결과가 양성으로 나올 가능성

사후확률 A' = A×B/{A×B+C(1−A)} = 2.9%

이 여성이 조직검사를 받았을 때 실제로 갑상샘암에 걸렸을 확률은 2.9%에 불과하다. 이렇게 낮은 값이 나온 이유는 실제로 암에 걸리지 않은 사람의 비율의 압도적이기 때문이다. 또한 전 세계 평균보다 월등히 높은 발병률에는 과잉 진료나 기준의 차이(암 판정의 기준이 너무 관대하거나)가 있을 가능성도 있다.

다만 0.06%에 불과하던 사전확률이 2.9%로 크게 늘었으니, 다시 한번 검사해 볼 필요가 있다. 두 번째 검사에서는 사후확률 2.9%를 사전확률로 계산한다. 두 번째에서도 양성 반응이 나오게 되면 이 성인 여성이 갑상샘암에 걸렸을 확률은 59.5%가 된다. 두 차례에 걸친 검사 결과에서 양성으로 진단되었다면, 실제로 갑상샘암에 걸렸을 확률은 크게 높아지므로 주의를 기울여야 할 것이다.

처음 양성 판정을 받았을 때 과도한 공포를 느끼고 우울증에 빠지거나, 무턱대고 암보험에 가입(보험사를 속이고)할 궁리를 하기보다는 다시 검사를 해보는 신중함이 필요한 이유다.

베이지안 추론의 진정한 의미는 세상에 완벽하고 절대적인 것은 없고, 의심을 전제로 새로운 증거를 찾아나가면서 의심을 확신으로 바꿔나가는 태도를 갖추는 데 있다.

자 이제「봉오동 전투」에 투자했던 나의 사례에 적용해 보자.

사전확률(A)의 경우 통계를 찾아본 건 아니고 여름 극장 성수기를 노리는 대작 10편 중 1~2편 정도가 500만 명 관객을 동원하지 않나 하는 심증 정도였다.

B는 흥행에 성공한다는 가정에서 반일 감정이라는 변수가 핵심적으로 작용한다는 가능성인데, 처음에는 60%로 가정했다. 반일 감정이 마케팅 포인트겠지만 무릇 영화라는 상품에 돈을 지불하기 위해서는 작품의 완성도 또는 재미가 중요하다는 합리적 가정이다.

C는 반일 감정과 무관하게 흥행에 성공할 확률이다. 마땅한 경쟁작이 없을 수 있고, 직전 해 사상 최악의 폭염 여파로 시원한 실내를 찾으려는 수요의 대체재가 될 수도 있을 것 같았다. 가능성이 높지는 않아도 배제할 수는 없으니 20%로 가정했다.

돈의 거짓말

사전확률	P(A)	A	15%	일반적인 흥행 성공률
새로운 사건	P(B│A)	B	60%	흥행의 성공 전제하에 반일 감정이 작용한 가능성
	P(B│NA)	C	20%	흥행의 성공을 전제하지만 반일 감정이 작용하지는 않는다는 가능성
사후확률	P(A│B)	A'	34.6%	결괏값

이 결과 사후확률은 34.6%이다. 이 정도 가능성에 투자를 감행하기는 애매하다. 하지만 상황을 고려해 볼 때 이전의 단순한 통계인 사전확률(15%의 확률로 흥행)보다는 크게 올라간 결과다. 이 사후확률은 이후 새로운 추론에서 사전확률로 사용한다.

베이지안 추론은 조건부확률에서 출발한다고 했다. 조건이 업데이트될 때, 즉 이 경우에서는 반일 감정이라는 핵심 변수가 고조된다는 일련의 상황과 이벤트를 반영할 때마다 B값에 변화를 주었고 사후확률은 변하게 됐다.

개봉일이 가까워지면서 곳곳에서 벌어지는 물리적 행동들을 통해 반일 감정의 강도를 확인했다. 내가 반영한 B를 높이자 흥행 성공의 가능성은 너무 자명해 보였다.

관점을 바꿔 영화의 일반적인 흥행 요소인 작품의 완성도와 재미에 접근해 보자. 흥행에 앞서 극히 일부를 대상으로 진행된 시사회에 참여하거나, 제작자와 연이 있어 미리 영화를 본다고 하면 성공 여부를 알 수 있을까? 개인의 취향과 관점은 제각각이기

▲ 베이지안 개념

때문에 당신의 개인적 경험을 근거로 '이 영화 대박 날 거야!'라는 투자 판단은 일반화의 오류가 될 가능성이 크다. 시사회를 미리 본 평론가가 대체로 낮은 평점을 줘도 흥행에 성공하는 경우는 매우 흔하다. 일반적으로 영화가 흥행할 가능성이 크지 않은데 더해, 개인의 의견에 의존한 주관적 판단이 적중할 가능성도 크지 않다는 점을 명심해야 한다.

일반적인 요인에 대한 단편적인 판단만으로 투자 결정을 하기보다는 새로운 데이터와 새로운 증거, 새로운 경험의 과정을 거쳐 우리의 신념을 갖춰나가는 게 더 중요하다는 의미다.

일반적으로 벤처기업이 성공할 확률은 빈도주의 통계의 관점으로 보면 매우 낮다. 만약 100개 중 1개밖에 성공하지 못한다는

돈의 거짓말

1%의 확률을 예측한다면 투자할 사람은 거의 없을 것이다. 하지만 이들의 기술이나 어떤 경쟁력을 볼 때 적어도 50% 이상의 성공 가능성이 있고, 혹시 그런 것이 없더라도 우연에 의해 5%의 가능성이 있다면 사후확률은 9.2%가 된다.

내가 가장 듣기 싫어하는 말은 "성공 확률이 낮으니까 하지 마라", "내가 해봐서 아는데 현실적으로 어려우니 하지 마라" 등등 경험과 제법 그럴듯한 숫자에 의지하는 충고다. 이는 그저 개인적 경험과 단순한 통계를 미래에 입혀버리는 인습적인 말들이다. 실패를 자양분으로 삼지 않고 미래를 예견하는 데 소모한다면, 우리는 항상 같은 자리에 머물거나 알량한 권위를 가진 다른 꼰대들에게 판단을 의지하는 결과를 마주할 것이다.

즉 베이지안 추론에서 우리가 주목하고 받아들여야 할 지점은 확률을 단순히 기계적으로 보는 것이 아니라, 사전확률에 변화를 줄 수 있는 요인에 대한 적극적인 파악인 것이다. 어떤 요인에 신뢰를 높여가는 과정에서 투자에 성공할 수 있고, 더 나아가 우리 삶의 어떤 불확실성을 헤쳐나갈 수 있게 된다.

무언가를 안다고 자만하게 되면 실력이 멈추거나 생소한 상황에서 당황하기 마련이고, 불확실하고 모른다는 태도로 접근하면 오히려 확신의 계단에 오르기 마련이다.

나는 금융산업에 대해 모든 것을 안다고 생각한 적이 있었다.

제일 큰 증권사 기획실에서 5년간 실무를 익혔고, 다시 금융업 애널리스트로서 15년이라는 긴 시간을 거치면서 금융회사들의 수익 구조, 자본 관리, 규제의 룰, 경쟁의 행태 등을 마치 해부실의 개구리를 대하듯 들여다볼 수 있었다. 하지만 안다고 생각한 순간 나의 발전은 멈추었다. 플랫폼과 핀테크 기업들이 금융산업을 잠식해 들어오고 있다는 변화를 읽는 데 소홀히 했고, 이 흐름에서 직업으로서의 증권사 애널리스트의 정체성과 희소성이 사라지고 있다는 사실 역시 조금 늦게 깨달았다.

베이즈의 정리에 따르면 완벽한 이론은 없습니다. 오히려 그것은 항상 추가적으로 개선과 테스트를 거쳐야 하는 진행 중인 작업입니다.

— 네이트실버Nate Silver (야구와 선거를 분석하는 미국 통계학자)

돈의 거짓말

03 콜옵션적 사고: 잃지 않는 투자의 시작

지지 않을 곳에서 이길 때를 기다린다.

先爲不可勝, 以侍敵之可勝

—『손자병법』 중

: 디엔비엔푸 전투 _ 질 수 없을 때까지 기다린다

해장도 쌀국수로 하는 우리에게 어느 나라보다 가깝게 느껴지는 나라가 있다. 바로 베트남이다. 세계 최강국과의 싸움에서 연거푸 승리한 저력이 있는 나라라는 것은 현대사에 관심이 있다면 잘 알고 있으리라. 베트남 전쟁에서 미군을 몰아내고 통일을 이룬 상식 아닌 상식뿐 아니라, 미군이 패퇴한 5년 후에는 중국과의 국경 분쟁에서도 스파링 파트너 대하듯 한 달 만에 가볍게 이

긴 나라다. 이보다 앞서 식민지 향수를 잊지 못한 프랑스가 벌인 시대착오적인 인도차이나 전쟁에서도 외세를 몰아내는 데 성공했으니, 밀림의 왕자는 타잔이 아니라 베트남 민중이 아닐까 싶다.

1954년 프랑스군을 몰아낸 기념비적인 전투는 북베트남 깊숙한 디엔비엔푸에서 벌어졌다. 프랑스의 나바르Henri-Eugene Navarre 장군은 압도적인 화력과 더불어 미국으로부터의 무기 원조에 자신감을 얻고 단번에 전황을 바꿀 작전을 세운다. 디엔비엔푸라는 곳에 일종의 요새를 건설하고, 적을 끌어들인 후 섬멸하겠다는 것이 요지였다. 화력과 공군력에서 우위를 점했으니 베트민군을 끌어들이기만 하면 이길 수 있다고 확신했다. 앞서 몇몇 전투에서 효과를 톡톡히 보았던 작전이라 같은 방식으로 판을 크게 벌인 것이다. 하지만 현지인도 발음하기 어려운 이름일 것 같은 베트민군의 명민한 사령관 보응우옌잡 장군의 전술은 한 수, 아니 열 수는 앞서 있었다.

요새는 방어하기 쉽다는 장점이 있지만, 포위되면 보급이 끊겨 굶어 죽을 수도 있다는 단점이 있다. 이 정도는 프랑스군도 예상한 일이다. 산으로 둘러싸인 분지에 기지를 건설해 적이 접근하기 어렵게 했고, 항공 보급이 가능하도록 활주로까지 확보해 미리 위험에 대처했다.

하지만 보응우옌잡 장군의 군대는 도저히 오를 수 없을 것 같

돈의 거짓말

은 험준한 지형을 뚫고 차근차근 프랑스 기지를 둘러쌌다. 보병
뿐만이 아니었다. 중화기들을 분해한 후 소, 말, 인력을 이용해서
옮긴 다음 재조립했고, 들키지 않기 위해 밤에만 이동했다. 이러
한 방식으로 무려 400킬로미터가 넘는 밀림을 이동한 부대도 있
었다. 프랑스군의 병력은 1만 1,000명에 달했는데, 베트민군은
소리 소문 없이 4배에 이르는 5만 명을 집결해 요새 주변을 포위
했다. 프랑스군은 애초 예상한 1개 사단 병력이 아닌 5개 사단과
맞서야 했다.

이로써 사실 전투의 향배는 갈렸다고 할 수 있다. 각종 중화기
와 월등한 수의 병력이 분지 형태의 기지를 훤히 내려다보면서
지키고 있으니 말이다. 또한 조국을 해방시키겠다는 뚜렷하고 숭
고한 목표를 지닌 베트민군과 외인부대 중심의 프랑스군은 정신

▲ 호찌민(왼쪽)과 보응우옌잡(오른쪽)

▲ 험준한 산을 넘어 대포를 옮기는 베트민 군대

전력 면에서 안 되는 게임이었다(장교는 프랑스인이지만 주로 용병들로 구성, 프랑스 헌법에 의해 식민지에서의 작전은 장교를 제외한 정규군이 참여할 수 없었다고 한다). 실제로 태국인 중심의 외인부대는 전투와 동시에 전원이 도망가 버렸는데, 프랑스인 부대장 홀로 그들의 뒷모습을 바라보기만 했다고 전해진다.

싸움에서 지는 것은 내가 약해서가 아니라 상대가 강해서다. 말장난 같지만 객관적 상황과 조건이 승패를 결정짓는다는 의미다. 이토록 유리한 상황에서는 바로 공격해 해치울 수 있지만, 보응우옌잡 장군은 좀처럼 공격 명령을 내리지 않았다. 프랑스가 항공 전력을 이용해 밀림에 네이팜탄을 퍼부을 때 화염이 제 역할을 못 하는 우기까지 기다리려는 심산이었다. 우기가 시작되고 비와 안개가 디엔비엔푸 계곡에 닥치면 프랑스군의 항공 공격과 보급은 불리해진다. 반면 이미 유리한 고지에 숨어 진을 치고 있는 베트민군에게 이것은 아무런 방해가 되지 않는다. 그사이 프랑스군 진지 200미터 앞까지 쉬지 않고 참호를 파고들어 가면서 승리의 확률을 더 높였다. 베트민군은 3개월이 지난 후 일제히 공격해 56일 만에 항복을 얻어냈다. (덧붙여 켄 번즈의 다큐멘터리 「베트남 전쟁」은 꼭 시청하시길. 성공을 거두기 위해 필요한 덕목과 과정, 반대로 강한 힘을 가지고도 실패할 수밖에 없는 이유를 객관적으로 담아낸 수작이다. 특히

돈의 거짓말

▲ 베트민군은 프랑스군 기지를 둘러싼 이후에도 우기가 올 때까지 참호를 파고들어 가면서 패배의 가능성을 제거해 나갔다.

투자자라면 시청하길 권한다.)

투자자들의 절박함과 간절함이 조국을 지키려는 베트민군의 그것에 비교해 덜할까? 어쩌다 여행지의 카지노에서 벌이는 게임에 대한 기대는 순간의 재미 또는 돌아갈 때 양손에 들린 기념품의 가격을 좌우하는 정도겠지만, 계층 이동의 사다리로 변모한 투자는 절대로 질 수 없는 게임 그 이상의 것이다. 투자자들 역시 보응우옌잡 장군처럼 지지 않을 곳에서 이길 때를 기다리는 사고, 즉 '콜옵션적 사고'가 중요하다.

간단히 말하면 이자 비용(시간에 대한 기회손실)은 발생하더라도 최소한 원금은 잃지 않고, 경우에 따라서는 충분한 이익을 거둘 수 있는, 지지 않는 게임이 될 수 있기 때문이다.

⁝ 지지 않는 개념을 탑재한 투자 대안_내재된 선택권

오래전 해적들의 주요 전법(?)은 코스트 허깅Coast Hugging이었다. 말 그대로 해안선을 따라 진을 치고 있다가 먹잇감을 공격하는 방법이다. 지금처럼 GPS나 항법술이 없을 때다 보니 상선들은 길을 잃지 않기 위해 해안선을 따라다녔다. 해적 역시 같은 전술을 구사하는 것이 효율이 높았다. 어쩌다 금은보화라도 실은 상선이 걸리면 그야말로 옵션 대박이 나는 것이다. 잃은 것은 시간뿐이다.

주위를 둘러보면 이러한 개념의 투자 수단은 적지 않다. 먼저 옵션이 내재된 경우다. 굳이 파생상품의 복잡한 옵션 구조를 떠올리지 않더라도 옵션은 '선택할 수 있는 권리'다. 앞서 머리말에서 예로 든 배고픈 아이 둘이 빵을 공평하게 나누는 원리를 돌이켜 보자. 한 아이는 빵을 자르고, 다른 아이는 빵을 고를 권리를 지닌다면 이보다 균형 있고 공정한 방법은 없을 것이다. 하지만 금융시장은 정보의 비대칭성과 심리적 요인 등으로 불균형과 불공정이 상존한다. 빵의 크기가 잘못되었거나, 빵 속에 있어야 할 치즈가 반대편에 몰려 있다는 것을 뒤늦게 깨달았을 때, 공식적으로 물러 달라고 요구할 수 있는 권리가 있다면 얼마나 좋겠는가?

주식시장으로 예를 들어보자. 따상상을 기대하고 공모주에 투자했는데, 상장 첫날부터 주가가 흘러내려 공모가를 한창 밑돌았다. 이때 주간 증권사에 공모가로 되팔 수 있다면 얼마나 좋겠는가?

이러한 선택권이 내재된 대표적인 사례는 전환사채 같은 주식과 채권의 이중적 성격이 내재된 상품으로 보통 메자닌^{Mezzanine}이라고 불린다. 메자닌은 이탈리아어로 1층과 2층 사이에 있는 라운지 공간을 의미한다. 상식적으로 전환사채는 미리 정한 가격 이상으로 주가가 오르면 주식으로 전환해서 차익을 거둘 수 있고, 채권 만기 이전까지 그 기회가 오지 않으면 소정의 이자와 원금을 돌려받게 된다.

물론 숨어 있는 리스크는 있다. 전환사채를 발행하는 기업의 재무 상태가 좋지 않아 은행을 통한 자금 조달이 어려운 경우, 혹은 기존 주주들에게 더 증자해 달라고 손 벌리기 어려운 상황이다. 지금이야 한 분기에 1조 원씩 버는 해운사의 전환사채가 대박이 났지만, 발행 시점으로 거슬러 올라가 보면 국책은행이 울며 겨자 먹기 식으로 자금 지원을 했기 때문에 힘든 시기를 버틸 수 있었다.

상환전환우선주도 마찬가지다. 일정 조건에 따라 채권처럼 만기에 투자금을 돌려달라고 요청할 수 있는 상환권에 더해, 우선주를 보통주로 전환할 수 있는 권리가 붙어 있다. 은행, 보험, 증권사 등의 금융회사 중 자본이 넉넉하지 않지만 장사는 잘되는 기업들이 성장 초기에 이러한 보완적 자본 조달을 많이 한다. 일반 기업들과 달리 금융회사들이 망하면 그 파급이 너무 크기 때문에 금융감독기관은 여러 가지를 통제하며 지켜야 하는 지표를 정한다. 가장 핵심적으로는 그 회사가 떠안는 모든 리스크를 계량화해서 주주의 자본으로 완충하는 비율이 100% 이상이어야 한다는 소위 자본 비율이다. 회사가 망해도 고객들에게 피해가 가지 않도록 대비하는 것이다. 앞서 기업의 정의, '이해관계자들의 경쟁의 장'을 떠올려 보자. 고객이나 채권자(사실 금융기관은 고객과 채권자가 같은 의미다)의 손실을 주주가 모두 책임지도록 명문화한 것이다.

이 기준을 충족하기 위해서 항상 주주들에게 증자를 요구할 수 없고, 그 때문에 채권 비슷한 상품으로 돈을 빌리고 주가가 오르면 투자자가 더 큰 이익을 볼 수 있도록 당근을 제시하는 것이다. 어떤 보험사는 10%가 넘는 배당을 확정적으로 돌려주기로 하고 우선주를 발행했다. 주가가 신통치 않아 보통주로 전환은 안 되었지만, 만기까지 배당금이 지급되었다. 얼마나 좋은 투자인가. 하지만 핵심은 이런 옵션이 붙어 있다 해도 회사나 산업에 대한 본질적인 이해와 비즈니스 모델에 대한 분석이 앞서야 한다는 것이다.

어떤 증권사는 상환전환우선주나 전환사채를 자주 발행한다. 개미 투자자들이 열광하는 주식을 살 수 있게 대출해 주는 일명 '신용융자'의 규모를 자기자본 이내로 묶어버린 규정 때문이다. 2008년 글로벌 금융위기 직전 시장이 정점을 치달아 갈 때 빚내서 투자하는 규모가 너무 큰 탓에 생긴 규정이다. 지금은 많이 내려왔지만 신용 금리는 시중 금리보다 상당히 높다. 사실 상장 주식을 담보로 하고 담보 비율도 넉넉히 잡을 뿐만 아니라, 여차하면 반대매매를 해버리니 증권사 입장에서는 큰 탈이 날 가능성이 거의 없다. 땅 짚고 헤엄치는 장사라는 말이 딱 어울린다.

그런데 자기자본 이내에서만 하라고 하니 답답한 노릇이다. 줄서서 들어가는 맛집인데 일정 인원 이상으로는 손님을 받지 말라고 단속하는 것이나 다름없다. 그러니 상환우선주와 같이 보완적으로 자본을 늘려주는 대체재는 회사와 투자자에게 좋은 해결책이 된다.

회사가 기본적으로 돈벌이가 시원치 않거나 재무 구조가 나빠지면 문제가 되지만, 사업 모델을 보면 그런 위험은 제로에 가깝다. 이러한 투자 대상들은 잘못 고른 빵을 나중에 물러 달라는 옵션이 붙어 있어 마음의 평안을 준다. 하지만 곱씹어 보면 결국 투자 이익을 크게 얻거나 반대로 원금을 못 돌려받을 가능성에 대한 판단은 사업 모델에 대한 철저한 분석을 앞서 해야 한다.

스팩SPAC도 같은 맥락이다. 기업인수목적회사Special Purpose Acquisition Company가 공식 명칭인 스팩은 미국에서는 이미 80년대 초반부터 IPO의 대안으로 제시되었다. 2021년 1월에 스팩 합병에 성공한 미국의 원격의료 및 의약품 판매 기업의 CEO는 스팩으로 상장한 이유를 이렇게 설명했다.

"일반적인 IPO는 규제 심사와 투자자 유치에 너무 많은 시간을 소비한다. 특히 DRDeal Road show을 위해 전 세계를 돌아다니면서 동일한 내용을 반복 설명하느라 두세 달을 허비하면 속도가 생명인 우리 같은 벤처기업은 큰 위기에 빠질 수도 있다."

최근 국내에서도 스팩에 대한 관심이 커졌는데, 이미 10년 넘게 명맥을 유지하며 작은 기업들이 시장에 진입하는 주요 수단으로 자리 잡았다. 일단 돈을 모아 안전자산에 예치해 놓는다. 3년 이내에 합병 대상을 구해오면 좋은 기업인지 비싸지는 않은지를 판단하고, 아니다 싶으면 합병 반대 권리를 행사해 원금에 MMF

수준의 이자를 돌려받는 구조다.

국내에서의 트랙 레코드 즉, 운영 실적을 보면 합병에 성공하는 비율은 64.3%다. 대부분 합병 이후에도 매출이 늘었고, 주가는 1년간 평균 11% 정도 상승했다(금융감독원, 〈스팩 도입 10년의 성과 분석 및 평가〉). 중요한 건 상장 승인일 3개월 후 주가는 공모가 대비 평균 45.6% 상승했다는 점이다. 대략 종합해서 셈을 해보면 연평균 수익률은 13% 정도로 상당히 좋은 투자 대상이다. 최근에는 합병이 될지 안 될지 모르는데도, 2천 원의 기준가에 10%의 프리미엄이 붙어버려 매력이 줄어들긴 했다.

미국 역시 스팩 광풍이 불면서 상장 첫날부터 프리미엄이 20~30%를 훌쩍 넘기도 했다. 하지만 금세 가라앉아 기준가 10달러 근처에 대부분 포진하고 있는 걸 보면 국내시장도 싸게 살 기회는 오리라 생각한다.

미국의 경우 합병에 성공하면 파운더라고 하는 발기인이 많은 지분을 헐값에 가져가는 구조적인 문제와 과도한 상장 수수료가 지적되지만, 어찌 되었든 투자자로서는 원금을 돌려받을 수 있는 수단을 쥐고 있는 투자안이다. 최근에는 너무 고평가되어 합병하겠다 하면 상환Redemption 비율이 70%에 이르기도 한다.

그렇지만 상대방(금융기관이나 금융상품의 발행자)이 손실을 회피하기 위한 옵션을 가지고 있지 않은 상품이라면 투자자(가입자)가 제법 유리해진다.

대부분 보험상품은 갱신 시점의 금리에 따라 고객에게 받는 보험료를 줄이거나 늘리면서 대응한다. 예정 이율이 내려가서 보험료가 많이 올라가니 미리 가입하라고 겁을 주는 마케팅도 여기에서 출발한다. 그런데 갱신 및 조정의 옵션이 없는 경우라면 누가 유리할까? 바로 투자자(가입자)다.

대표적인 사례는 실손보험이다. 2003년부터 손해보험사가 판매한 실손보험은 국가의 건강보험이 보장하지 않는 비용 부담을 줄일 수 있도록 설계되었다. 초기에 판매한 상품은 실제 비용의 전액을 보험사가 부담하도록 되어 있어, 가입자는 매달 내는 보험료 외에는 한 푼도 낼 필요가 없다. 나이를 먹으면 병원에 자주 가고 고령화로 그 기간마저 늘어나는 상황이다. 하지만 이때 가입한 사람들은 의료비에 대해 걱정할 필요가 없다. 이들 중 몇몇은 정형외과 및 동네 병원을 그야말로 제 집처럼 드나들면서 과도하게 의료 쇼핑을 한다. 보험사가 독박을 쓰는 구조이기 때문이다. 실손보험의 가입자 중 90%는 청구하지 않는다. 청구하는 사람들 중에서도 상위 10%가 전체 보험금의 절반을 잠식한다. 보험사의 예상과 다르게 상황이 흘러간다 해도 손해를 피하기 위한 옵션이 없기 때문에 영악한 상대방이 혜택을 누릴 수 있는 것이다.

이러한 모럴해저드를 막기 위한 여러 제도(예를 들면 10~20%는 자기가 부담하던가, 병원비를 많이 청구하면 보험료도 많이 내는)를 도입하고 있지만, 소급적용이 안 되고 가입자가 누릴 수 있는 효용이 이미 너무 크기 때문에 효과를 보지 못하고 있다.

2008년 금융위기의 그림자가 짙어지던 시점에 은행들이 발행한 후순위채권의 달콤함은 또 어떠한가? 큰 은행들은 무려 연 8%의 이율을 7년 동안 매월 지급하는 조건으로 채권을 발행했다. 후순위채권은 빚이지만 일정 기간 동안 자기자본으로 인정해 주기 때문에 금융회사들이 종종 발행한다. 이 역시 시중 금리가 아무리 내려가고, 해당 은행이 일시적인 어려움을 극복해 돈을 잘 번다고 해도 만기 때까지 높은 이자 부담을 조정할 옵션이 없다.

정리해 보면 상대방과 내가 벌이는 게임에서 손실을 회피하거나 이익을 제한 없이 누리는 옵션을 누가 가지고 있는지를 따져보아야 한다. 나(투자자, 가입자)와 상대방(금융회사, 금융상품, 발행기업)이 손실을 회피하기 위한 옵션을 가지고 있냐, 없냐에 따라 다음 그림을 그릴 수 있다.

대부분의 금융상품은 C에 해당한다. 주식, 공모주, 채권, 금리연동형 예금 등은 투자 대상의 가격 변화에 그대로 노출될 뿐이

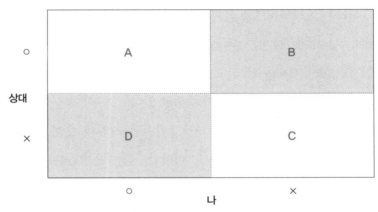

▲ 옵션 소유에 따른 구분

다. 이때 금융기관은 그저 단순 중개자에 불과하고, 나와 싸우는 대상은 시장 자체다. A는 나와 상대가 서로 하나씩 비장의 카드를 가지고 있는 경우다. 나에게 절대적으로 유리한 상품 같지만 속살을 들여다보면 상대도 상응하는 대처를 해놓기 마련이다. 가끔 주식시장이 출렁일 때마다 '하방배리어를 터치해서 손실이 막심하다'는 기사의 단골 소재인 ELS다. 지금은 별로 없지만 개별주식을 기초로 삼은 ELS는 한때 큰 인기를 끌었다. 내 친구에게 권유한 ELS는 하이닉스의 주가가 50% 아래로 하락하지 않으면 연 10%의 괜찮은 이익을 얻을 수 있지만 50% 아래로 가면 실제 주식을 그대로 보유한 효과, 즉 50% 손실이 생기는 구조였다. 설

돈의 거짓말

마 했던 상황이 벌어지면서 증권사들은 헤지라는 것을 풀어버렸다. 이렇게 되면 수익은커녕 미뤄뒀던 손실이 한꺼번에 반영되고 졸지에 알 주식을 그대로 보유하는 꼴이 된다. 원금이 회복되기 전까지는 친구를 만날 때마다 형언할 수 없는 미안함을 느꼈다. 반대의 경우는 보험상품 대부분에 내재된 최저보증이율이 좋은 사례다. 시중 금리에 따라서 만기에 돌려줄 보험금이 변하는 저축보험인데 아무리 금리가 내려가도 최저보증이율은 보상해 준다는 조건으로 파는 것이다.

색이 있는 면에 위치한 상품이라면 눈여겨봐야 한다. D의 경우는 금융회사가 무지하거나 어쩔 수 없는 상황에서 발행하는 실손보험, 후순위채권 등을 사례로 들 수 있다. 내가 위험을 회피하거나 이익을 크게 누릴 수 있는 것이다. 하지만 무턱대고 달콤함에 취해서는 안 된다. 함정이 있을 수 있기 때문이다. 예를 들어 여기에 부합하는 채권들은 재무적 위기가 발생하면 원금을 못 돌려받을 수도 있다. 스팩에 내재하는 맹점은 초기에 설립을 주도하는 주주들이 낮은 가격으로 주식을 사기 때문에 상장 후 들어가는 주주들은 이들의 지분을 비싸게 사주는 꼴이 된다. 보통 국내에서는 13~17% 정도지만 미국의 경우 더 심하고 복잡하게 숨겨져 있다. B의 경우에는 절대적으로 나에게 불리한 상황인데 C로 착각하기 쉽다. 상대가 가진 카드를 숨기거나 복잡하게 만들어

간파하기 어렵기 때문이다. 또한 상황에 따라 옵션이 사라지거나 다시 나타날 수 있다. 그 어떠한 경우에서도 왜 발행하는지, 회사의 비즈니스 모델은 어떠한지를 따져보는 과정은 필수다.

⦂ 지지 않는 개념을 탑재한 투자 대안
_ 물리적 독점과 국가의 보증

국가가 보증하거나 물리적 독점에 근거한 투자 대상이 있다. 앞서 할인율의 개념을 풀어 설명할 때 국가의 무위험 할인율 핵심은 막강한 조세징수권이라고 했다. 그렇다면 국가로부터 매출을 독점적으로 보장받거나, 손실을 보상받는 비즈니스 모델을 가진 기업이 있다면 좋은 투자 대상이 될 법하다.

부즈알렌헤밀턴BAH이라는 뉴욕증권거래소 상장 기업이 있다. 컨설팅 펌 또는 연구소로 어렴풋하게 알고 있는 경우가 대부분인데, 세부적으로 살펴보면 미국의 국방, 안보, 정보보호 등에 관련된 지식 기반 서비스를 제공하는 기업이다.

이 회사의 기업설명회IR 자료를 보면 넓은 고객 기반을 자랑한다. 또한 고객이 전부 미국 정부 산하기관이다. 매출 기준으로 살펴보면 육해공군 및 해병대 기관이 49%(국방 분야), 국토안보부 등은 28%(공공 분야), 국가안전보장국NSA 등의 정보기관은 20%(정보 분야)로, 정부 관련 기관만 총 97%에 해당한다. 1914년 설립 후 1940년 2차 세계대전 중 미 해군을 돕기 시작하면서 성장했는데, 서비스 특성이나 경험치를 고려하면 대체가 힘들어 보인다. 미국의 패권을 지탱하는 두 가지 원천이 달러라는 기축통화와 전 세계에 투사할 수 있는 물리력(국방력, 정보력)인 덕분이다. 이 회사는 석사 이상의 고급 두뇌를 채용하는 지식 산업으로 재고 부담, 자본적 지출CAPEX 등에서 한결 자유롭다. 5년 평균 ROE가 무려 60.4%가 넘는다.

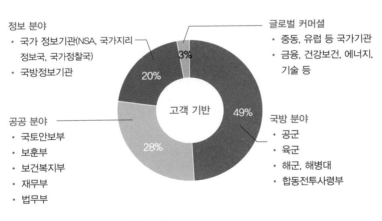

▲ 부즈알렌헤밀턴의 고객별 매출 구성

그다음으로 물리적 독점에 근거해 돈을 버는 기업을 보자. 과거부터 중요한 해양 교통로라고 꼽힌 말라카해협, 지브롤터해협, 호르무즈해협, 흑해의 여러 해협 등을 놓고 전쟁이 벌어진 것은 차지하기만 하면 막대한 힘과 부가 독점적으로 따라왔기 때문이다. 수에즈 운하와 파나마 운하의 막대한 통행료는 그 나라 경제에서 큰 비중을 차지한다. 인공적인 구조물인 운하의 건설비와 유지보수 비용을 고려하면 통행세는 당연하다.

15세기 덴마크는 발트해에서 북해로 나가는 해협을 지나가기만 해도 돈을 받았다. 그 무렵 교역이 활발해지자 덴마크 왕은 발트해의 해협을 통과하려면 일단 항해를 멈추고 통행세를 내라고 했는데, 이를 거부하면 격침시켜 버리기까지 했다. 16세기에 들어서는 화물 가치의 1~2% 세금을 공식화하면서 그 규모가 3배 늘었고, 한때 세수의 30%에 달했다고 한다. 통행세는 1857년 코펜하겐협약을 통해 국제수로로 정해지기 전까지 이어졌다.

물리적 독점은 아무리 기술이 발전해도 대체가 불가능하다. 따라서 여기서 나오는 현금흐름에 근거한 인프라 투자와 같은 금융상품은 눈여겨볼 필요가 있다.

국내 시장에 상장된 맥쿼리인프라는 배당주에 열광하는 투자자들의 위시 리스트 제일 위에 자리 잡는다. 머리 아프게 세입자 구하고, 유지 관리하면서 받는 변두리 상가 월세보다 훨씬 낫다.

돈의 거짓말

주식의 핵심적 투자 포인트인 안정적 배당을 지탱하는 두 가지 요소, 국가 보증의 결합과 물리적 독점 모두에 해당한다.

2020년 코로나 사태가 발생한 후 인천공항은 한여름 더위를 피하려는 어르신들 이외에는 발길이 뚝 끊겼다. 일평균 통행량은 28.2% 줄었고, 통행료 수입은 34.7% 줄었다(맥쿼리인프라 IR 자료). 인천공항 외에도 대부분의 도로 및 터널의 운영 성과는 20% 넘게 줄었다. 하지만 운용 수익과 순이익은 모두 늘었다. 총 분배금도 오히려 700원에서 720원으로 늘었다. 보통의 장사는 매출이 30% 넘게 줄면 적자를 면치 못할 뿐 아니라, 종업원 월급을 주려 사장이 부업에 뛰어들 판이다.

다음 그림을 보면 중앙 정부와 지방 정부가 도로와 같은 인프라의 초기 통행료 수입이 적으면 지원하고, 추후 추정한 것보다 많으면 환수하는 구조를 보여준다. 나중에 잘되면 떼어가니 더 먹을 수 있는 기회가 차단된다고 아쉬워할 수 있지만, 중요한 건 보이는 그림이 아니다. 부족분과 환수분이 서로 상계되면서 결국에는 안정적인 현금흐름이 보장된다. 그런데 여기에서는 그 주체가 세상에서 가장 할인율이 낮은 정부라는 데 있다. 이익과 할인율이 정해져 있으니, 투자를 고려한다면 주가만 보면 된다. 어떤 거시적인 충격으로 주가가 도매금으로 하락하면 절호의 매수 기회가 오는데, 그 시간만 버티면 되는 셈이다. 코스트 허깅을 하는

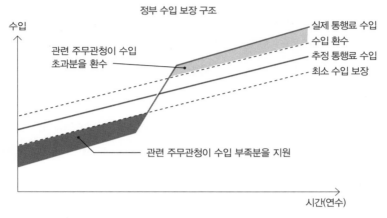

정부 수입 보장 구조

수입

실제 통행료 수입

관련 주무관청이 수입
초과분을 환수

수입 환수

추정 통행료 수입

최소 수입 보장

관련 주무관청이 수입 부족분을 지원

시간(연수)

▲ 맥쿼리인프라의 정부 수입 보장 구조(출처: 맥쿼리인프라)

해적처럼 말이다.

멀리 갈 것도 없다. 이순신 장군의 콜옵션적 사고는 우리의 운명에도 큰 영향을 미쳤다. 임진왜란, 정유재란의 해전 중 승리한 전쟁의 공통점은 싸울 장소도 싸우는 방식도 모두 조선 수군이 정했다는 것이다. 울돌목은 우리나라에서 가장 유속이 빠른 해협이다. 좁은 데다 밀물 때 남해의 바닷물이 한꺼번에 이 해협을 통과해 서해로 빠져나가면서 조류가 엄청나게 빨라진다. 명량해전에서 고작 12척의 배로 열 곱절이 넘는 왜군을 제압할 수 있었던 기지는 울돌목의 물리적 장점을 이용한 것이다.

정유재란에서 가토 기요마사가 이끄는 왜군 선발대가 집결하

돈의 거짓말

는 부산을 치라는 선조의 명령에 따르지 않은 것도 같은 맥락이다. 조선 수군의 주력인 판옥선과 전술 교리는 복잡한 해안선과 섬들로 둘러싸인 전라남도와 남해 바다에서는 유리하지만, 부산 앞바다에서는 그렇지 않았다. 게다가 남해안에 진을 치고 있는 잔존 왜군들에게 뒤를 공격당할 위험도 숨어 있었다.

조선을 통틀어 가장 무능한 왕이라 일컬어지는 선조는 연신 전투를 재촉했지만, 이순신은 따르지 않았다. 실록에는 선조가 이순신에게 "역적이다. 이제 가토의 머리를 가지고 온다고 해도 용서할 수 없다"라며 펄쩍 뛰었다고 한다. 결국 쫓겨난 이순신을 대신한 원균도 선조의 명령에 주저했다. 이 이유로 곤장을 맞고 나서는 명을 받들 수밖에 없었다. 모든 전력을 동원해 불나방처럼 부산으로 내닫고, 그 결과 조선 수군의 전선은 12척이나 남게 된 것이다. 원균도 이 싸움에서 죽었다. 이것이 왜란 중 유일하게 크게 패한 칠천량 해전이고 이후의 이야기가 영화 「명량」이다.

냉혹한 투자의 전장에 들어선 당신의 자세는 이순신과 같은가? 아니면 선조 또는 원균과 같은가?

04 현금흐름적 사고 1: 안 털리는 생각법

> 불장난이 재미있는 것도 불나기 전 한순간이야.
> — 영화 「아메리칸 스나이퍼」의 대사 중

⦂ 택배 화물차 사기의 본질

[구체적 공소사실]

▶ 물류 회사는,

- 인터넷에 대기업 택배회사 인사담당자 등을 가장해 택배기사 모집 광고를 냄
- 택배회사 취업을 원하는 피해자들을 상대로 고수익을 보장하면서 취업을 위해 냉동(또는 냉장)탑차로 개조한 화물차가 필요하다고 거

짓말

- 캐피털회사를 소개해 냉동(또는 냉장)탑차로 개조한 화물차의 금액 약 2,800만 원에 할부(또는 리스) 계약을 체결하도록 주선
- 할부대금 2,800만 원은 신차 가격 1,600만 원 및 개조 비용 1,200만 원 합산액이고, 그중 개조 비용 1,200만 원은 통상 액수보다 600만 원가량 부풀린 것으로 추후 개조업체로부터 위 600만 원 상당을 분배받기로 약정

▶ 차량 개조업체는,

- 위와 같이 개조 비용을 부풀린 허위 견적서를 캐피털회사에 제출해 개조 비용 약 1,200만 원 수취
- 부풀린 비용 약 600만 원을 물류회사 관련자들에게 분배

▶ 결국, 피해자들은 택배회사에 취업하지도 못하고 개조 비용이 부풀려진 고액의 화물차 할부 대금 채무만 부담

내가 주제넘게 이 책을 쓰게 된 직접적인 계기는 '취업을 미끼로 택배기사에 필요한 화물차를 할부판매'한 사기 사건을 접하고 나서다. 피해자 중 이승을 등진 분도 계시다. 단일 사건임에도 피해 규모가 매우 큰 것을 보면 유사한 사건들이 매우 광범위하게 퍼져 있을 것으로 짐작되었다. 단 30분의 검색 및 유튜브 콘텐츠를 통해 그 전모를 알 수 있었다. 다만 '취업을 빙자한 사기 사건'

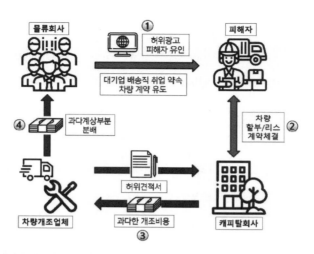

▲ 택배기사 취업 알선 사기 사건(출처: 서울동부지방검찰청)

이라고 기사화되었지만, 내가 볼 때 이 사건의 핵심은 '고금리 대출 금융 사기'다.

부풀려진 개조 비용을 나눠먹은 악당들은 그렇다 치고, 대출해준 대부업체들은 얼마나 챙겼을까 하는 의구심이 앞섰다. 악당들은 개조 비용 포함 2,800만 원에 이르는 택배차를 살 수 있는 대출을 해주고, 대략 70만 원의 월 할부금을 6년간 갚도록 주선했다. 언뜻 보아도 1년에 840만 원, 6년이면 5,040만 원에 이르니 원금 대비 과하다는 감이 쉽게 온다.

대부업체 입장에서 볼 때 이 대출 한 건의 현금흐름은 다음 표

돈의 거짓말

구분	햇수	대출 원금	월 할부금	선수금	현금흐름	현재가치
택배트럭 구매 사기	0y	−2,800		280	−2,520	−2,520
	1y		840		840	676
	2y		840		840	544
	3y		840		840	437
	4y		840		840	352
	5y		840		840	283
	6y		840		840	228

와 같다. 대부업체는 악당들에게 초기에 2,800만 원을 대신 지급했으니 (−)가 생겼지만, 이후 원리금이 들어오면서 (+)의 현금흐름이 생긴다.

현재가치의 개념은 투자에 관심이 있거나, 소정의 고등교육 과정을 거쳤다면 쉽게 이해할 수 있다. 1년 후 지불하는 840만 원의 트럭 할부금을 24.3%로 할인해서 현재 시점의 가치로 계산하면 676만 원이 된다. 같은 방식으로 시간을 늘려보면 2년은 544만 원, 6년은 228만 원이 된다. 이 현금흐름의 현재가치를 다 더해서 초기의 지출 (−)2,520만 원과 합치면 '0'이 된다.

이 경우 내부수익률IRR을 계산하면 24.3%가 나온다. IRR의 사전적 정의는 "현금흐름의 순현재가치가 0원이 되게 만드는 할인율"이다. 쉽게 말하면 '진짜 수익률'이다. 법정 최고 금리가

24%(21년 7월 전 기준)인데 이걸 죄다 받아먹은 것이다. 단순화하면 한쪽에서는 '중개 수수료'를 갈취하고, 다른 한편에서는 '법정 최고금리'를 챙긴 '취업 빙자 대출 중개 사기'라고 할 수 있다.

매우 드물고, 악질적인 사례일까? 약탈적 대출이라고 손가락질 당하는 은행들은 그 실체가 뚜렷하고 투명하기 때문에 분풀이 대상이 될 뿐이다. 합법의 외연을 갖추고 있지만 고금리를 뜯어가는 사례, 일명 '눈탱이 맞은 일'은 우리 주위에 너무도 많다.

: 살까 말까, 바꿀까 말까……

종이 신문의 쇠락이 뚜렷해지면서, 지면에 실리는 광고의 수준도 각양각색이다. 책 광고는 그나마 나은 편이고, 건강식품이나 낯부끄러운 물건도 꽤 자주 등장한다. 그 와중에 유명한 모델이 연이어 등장하는 안마의자 광고는 이색적일 수밖에 없었다. 삼성, LG도 아닌데 물건 팔아 얼마나 남긴다고 이런 비싼 광고를 할까?

신품의 경우 400~500만 원에 이르는 안마의자는 선뜻 구매하기 어렵다. 하지만 월 렌탈료가 3만 원이 넘지 않는 2만 9,500원인 데다가 기간은 6년으로 부담을 줄였다는 친절한 안내 문구가 호기심을 불러일으킨다.

이건 얼마나 뜯어가는 걸까?

자세히 보니 귀퉁이에 작은 글씨로 '선수금 250만 원, 제휴신
용카드 사용 월간 100만 원 이상, 중간 해지 시 수수료 30만 원'
이란다. 그럼 그렇지……. 이 조건을 엑셀에 기입하고 제조회사
관점에서 6년 동안의 현금흐름을 정리했다. 현금 일시불이면 대
략 420만 원 정도이니 초기 비용 (-)420에 선수금 (+)250이 퉁쳐
지고, 매달 (+)3만 원이 12개월 동안 꼬박꼬박 들어온다. 제휴카
드 100만 원을 어김없이 쓰면 쌓이는 포인트 대략 0.5%가 사라
지니 여기에서 연간 6만 원을 지출하는 셈이다.

IRR을 계산해 보면 12.0%다. 회사 입장에서는 대출에 대한 제
반 비용도 있겠지만, 핸드폰 비용 연체도 한 번 안 해본 내 입장
에서는 호구 잡히는 셈이다. 선수금 빼면 170만 원을 할부로 대
출하는데 12.0%라니! 마이너스 통장으로 사는 게 더 낫다 싶다.

(만 원)

구분	햇수	판매가	렌탈료	카드 수익	선수금	현금흐름	현재가치
안마의자 렌탈	0y	-420			250	-170	(170)
	1y		35	6		41	41
	2y		35	6		41	41
	3y		35	6		41	41
	4y		35	6		41	41
	5y		35	6		41	41
	6y		35	6		41	41

기변병이라는 불치병을 앓고 있는 나는 2년을 못 기다리고 핸드폰을 바꾸려는 충동을 느끼곤 한다. 그때마다 여러 합리화의 과정을 거치는데, 결국 답은 신기술이 탑재된 신상 아이폰으로 정해져 있다. 마침 기변병이 발작할 때 나타난 갤럭시 폴드를 구매하면서는 '힌지 만드는 부품업체에 투자하기 전 체험을 해보는 것'이라고 스스로를 설득했다. 처음 몇 달간은 폴더를 펼 때마다 시선을 한 몸에 받는 '인싸'가 되곤 했다. 하지만 얼마 지나지 않아 액정 수리비가 비싸고, 무겁기도 해서 심드렁해지기 시작했다. 그 찰나에 아이폰 프로 맥스의 카메라가 기가 막히다는 유튜버의 속삭임이 들렸다.

이때 다시 합리화를 위한 공작을 펼친다.

1) 그냥 쓴다

2) 바꾼다.

이 또한 답은 정해져 있다.

2-1) 회사 근처 단골 가게

2-2) 인터넷 최저가

2-3) 자급제 폰

이 중 어떤 방법이 더 부담이 적을까 하는 정도가 기준이다.

구분	갤럭시 폴드	아이폰_회사 근처	아이폰_11번가	아이폰_자급제
요금제	66,750	66,750	66,750	89,000
단말기 값		1,220,000	1,350,000	1,250,000
단말기 할부금	106,170	55,917	61,364	
0		(763,000)	(763,000)	487,000
1	172,920	228,837	234,284	195,170
2	172,920	228,837	234,284	195,170
3	172,920	228,837	234,284	195,170
4	172,920	228,837	234,284	195,170
5	172,920	228,837	234,284	195,170
6	172,920	228,837	234,284	195,170
7	89,000	122,667	128,114	89,000
8	89,000	122,667	128,114	89,000
9	89,000	122,667	128,114	89,000
10	89,000	122,667	128,114	89,000
11	89,000	122,667	128,114	89,000
12	89,000	122,667	128,114	89,000
13	89,000	122,667	128,114	89,000
14	89,000	122,667	128,114	89,000
15	89,000	122,667	128,114	89,000
16	89,000	122,667	128,114	89,000
17	89,000	122,667	128,114	89,000
18	89,000	122,667	128,114	89,000
19	89,000	122,667	128,114	89,000
20	89,000	122,667	128,114	89,000
21	89,000	122,667	128,114	89,000
22	89,000	122,667	128,114	89,000
23	89,000	122,667	61,364	89,000
24	89,000	122,667	61,364	89,000
25		(367,500)	(367,500)	(367,500)
순현재가치 (NPV)	2,569,816	2,371,254	2,372,089	2,836,802
차이		−198,562	−197,727	266,986

각각의 안에 따라 24개월 현금흐름을 적어본다. 앞의 표는 그 작업장인데, 24개월간의 현금흐름을 나열한 후 이것을 현재가치로 가져온 것이다. 폴드를 그대로 쓰는 것보다 아이폰으로 바꿔도 그리 큰 차이가 없다. 이유는 폴드 중고 가격이 의외로 높고, 할부가 끝나는 시점에는 요금제 할인이 사라져서다. 또한 24개월 후 팔아도 아이폰은 중고 가격 방어가 잘 된다. 이러한 과정은 판단을 쉽게 내려주고, 내가 원했던 합리화에 확신을 심어준다. 지금도 여러 합리화를 거쳐 아이폰 액세서리에 돈을 처바르고 있을 뿐이다.

현금흐름적인 사고는 판단의 기준을 제공하고, 악당으로부터 자신을 보호하게끔 해준다. 머릿속으로만 생각하는 것과 엑셀에 기입하면서 여러 변수와 조건을 기입하는 것에는 큰 차이가 있다. 후자는 놓칠 수 있는 것들을 배제할 뿐더러, 선택의 기점에서 악당들이 파놓은 함정을 피해 과도한 손해를 막을 수 있다.

「뷔리당의 당나귀」라는 우화가 있다. 배고프고 목도 마른 당나귀에게 건초와 물을 놓아주면 어떤 것을 먼저 먹을까 고민만 하다가 배고픔과 갈증으로 죽는다는 이야기다. '생각'보다는 '행동'이 우선이라는 교훈을 주기도 하지만, 조금이라도 가깝거나 더 필요한 것을 판단하는 능력이 있어야 한다는 의미이기도 하다.

돈의 거짓말

▲ 뷔르뎅의 당나귀

　'할까 말까?', '살까 말까?' 갈팡질팡할 때 이러한 현금흐름적 사고는 매우 유용한 잣대를 제공한다. 적어도 과도한 손해를 보거나, 즉흥적인 판단이 실패로 이어졌을 때 들이닥치는 자괴감은 피할 수 있다.

　이러한 습관이 누적되다 보면 삶의 태도가 바뀐다. 신중하고 치밀하며 다각적으로 사고하는 능력이 생긴다. 나는 결국 안마의자를 어머니께 사드렸다. 물론 앞에서 언급한 60개월 할부는 아니다. 더 살펴보니 매우 고가인 안마의자는 주로 나처럼 효심 가득한 자식들이 부모님께 사드리는 경우가 많다. 또한 반품률이 매우 높단다. 그도 그럴 것이 마치 코끼리 한 마리가 누워 있는 듯 거실을 가득 채우고, 한두 달 후면 효용이 지극히 떨어지는 것이 일반적이다. 할부라 해도 선수금이 높은 이유인 듯하다. 한편 1~2개월 쓴 반품이 많다 보니 리퍼브 상품 판매 시장도 발달해 있다. 후기를 보면 리퍼브 상품을 샀는데 새것이 왔다고 좋아하는 경우가 많았다. 나도 선수금 정도의 금액만 치르고 리퍼브 상품을 샀다. 안마의자가 배송되던 날 어머니는 중고를 산다더니 왜 비싼 새것을 샀냐고 질타하셨다.

⠿ 전쟁 = 가장 비싼 의사결정! 빚은 누가 갚나?

세상에서 가장 비싸고 위험한 의사결정은 무엇일까? 바로 전쟁이다. 미국이 이라크와 아프가니스탄에서 두 전쟁을 동시에 수행하던 2013년, 하버드대학교 케네디스쿨의 린다 빌메스Linda Bilmes 교수는 한 편의 워킹 페이퍼를 발표한다. 서문은 이렇게 시작한다.

미래의 미국 국가 안보 정책에 대한 가장 중요한 도전 중 하나는 외부 위협에서 비롯되지 않을 것이다. 오히려 우리가 이미 이라크와 아프가니스탄에서 싸운 분쟁의 유산에 대처하는 것이다(The Financial Legacy of Iraq and Afghanistan: How Wartime

외부의 적敵보다 무서운 '유산Legacy'은 무엇일까? 다름 아닌 전비를 충당하기 위해 발행한 채권의 이자 부담과 전쟁이 끝나도 집행되어야 하는 숨어 있는 비용이다. 전쟁 비용에 대한 연작 보고서(〈The Cost of Debt-financed War: Public Debt and Rising Interest for Post-9/11 War Spending〉, January 2020)를 보면 9.11 테러를 계기로 전쟁이 시작된 2001년 이래 20년간 집행된 전쟁 비용은 2.02조 달러에 이른다. 여기에는 원금의 절반에 해당하는 9,259억 달러의

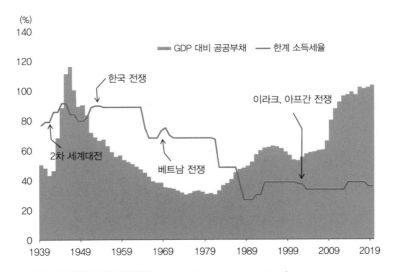

▲ 미국의 소득세율과 공공부채(출처: Federal Reserve Economic Data)

누적 이자가 발생했다고 추산한다.

미국이 20세기에 치렀던 2차 세계대전, 한국 전쟁, 베트남 전쟁 등의 전비는 세금을 올리거나 다른 지출을 줄여 충당한 데 반해, 21세기의 이라크와 아프가니스탄 전쟁은 채권 발행으로 이를 메웠다. 한국 전쟁 동안 미국의 한계세율은 92%, 베트남 전쟁 당시에는 77%까지 올랐다.

반면 부시가 시작한 이라크와 아프가니스탄 전쟁 기간의 세율은 내려갔고, 나랏빚은 늘었다. 빌메스 교수는 두 전쟁 비용의 90%를 채권을 조달해서 집행했는데 도대체 이건 누가 갚느냐는 것이다.

전쟁 기간에 태어났다 해도 아직 스무 살도 안 된 인구가 미국민의 4분의 1에 달한다. 투표권도 행사 못 하는 세대가 과거 내려진 판단의 부담을 갚아야 한다는 건 참 아이러니하다. 이라크와 아프가니스탄 전쟁을 '신용카드 전쟁'이라 빗댄 이유다. 이자 부담을 2030년까지 연장하면 총 이자 비용은 집행된 전쟁 비용을 넘어서게 되니, 배보다 배꼽이 크다는 말이 딱 맞는 표현일 것이다.

하지만 이보다 더 큰 부담은 숨어 있는 비용이다. 이것이야말로 정말 무서운 유산이다. 참전군인과 부상의 후유증을 앓고 있는 상이군인에 대한 치료 비용, 부상에 따른 보상, 요양 및 각종

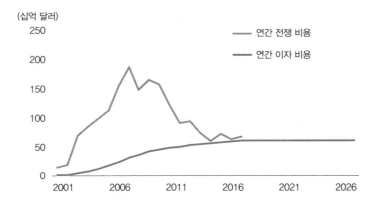

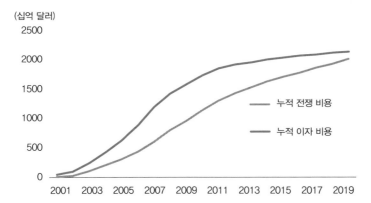

▲ 이라크, 아프칸 전쟁비용(브라운대 왓슨 연구소 자료 토대로 저자 재구성)

장애 혜택, 재교육 비용 등이 그것이다. 눈에 보이는 전장에서의 총알 사용료와 헬기 띄우고 밥 먹는 데 쓰는 비용보다 그 이면에 숨어 있는 것이 더 무서운 셈이다.

아프가니스탄 전쟁이 미군의 철군으로 끝나갈 즈음 브라운대학교 왓슨연구소에서 업데이트한 자료를 보면 20년간 지출된 전비는 2.26조 달러인데, 이자와 참전군인 케어에 대한 비용은 826억 달러로 40%에 육박한다. 여기에는 미래에 부담할 이자와 참전군인 케어 비용은 포함되지 않았다.

이뿐인가? 더 간접적으로는 상이군인의 노동력 상실도 문제가 된다. 심한 경우 가족 구성원이 전담해 병간호하는 경우 더 큰 기회손실이 생기고, 입대를 꺼리면서 발생하는 모병 비용의 증가와 결국 인상되는 군인 급여 등등 꼬리에 꼬리를 무는 파생 비용은 도대체 얼마인가? 아프가니스탄 전쟁은 이라크 전쟁과 달리 미

U.S. Costs to Date for the War in Afghanistan, in $ Billions, 2001-2021

▲ 아프카니스탄 전쟁 비용(출처: 브라운대학교 왓슨연구소)

돈의 거짓말

국에 협력한 현지인들을 탈레반의 보복을 피해 미국에서 정착하도록 하는 제반 비용을 수반했다. 빌메스 교수의 논지는 전쟁 예산과 눈에 보이지 않는 모든 비용이 미래 세대에 전가되어 다른 생산적인 영역에 투자되는 것을 막고 있다는 것이다.

결과적으로 아프가니스탄 전쟁으로 더 많은 테러와 위험에서 벗어났고 더 큰 비용이 들어가는 것을 막았다고 주장할 수 있겠다. 하지만 미군이 철수하자마자 탈레반이 카불을 점령하고 IS를 포함한 수천 명의 죄수를 한꺼번에 풀어주는 현실 앞에서 설득력이 있을지 모르겠다.

부시 대통령은 전비로 500억 달러면 충분하다고 했다. 현금흐름에 입각한 사고가 부족했는지, 테러범 응징에 몰두하느라 의도적으로 감추었는지는 모를 일이다. 무엇보다 중요한 의사결정에 있어 현금흐름적인 사고가 중요하다는 교훈을 얻는 수업료치곤 너무 크다는 건 확실하다.

당면한 문제를 해결하려 할 때, 조금은 긴 시계열을 염두에 두고 도사린 부담과 비용을 고려해 의사결정을 해야 한다. 그 방법론이 현금흐름적인 사고다. 욱하고 상대를 때렸을 때, 뒤따르는 부담과 그 상황이 얼마나 이어질지 생각해 보면 감정은 누그러지는 법이다.

현금흐름적인 사고는 거창한 방법론이 아니다. 그저 의사결정에 앞서 수반되는 비용과 효용을 고려하고, 현재가치를 놓고 볼 때 어떤 방법이 더 큰지를 살펴보는 상식적인 접근일 뿐이다. 핸드폰을 바꾸는 하찮은 의사결정부터 전쟁이라는 가장 위험하고 중요한 의사결정까지 그 방법론은 다르지 않다.

05 현금흐름적 사고 2: 구조적 문제를 푸는 접근

손에 쥔 도구가 망치뿐이라면, 모든 문제는 못처럼 보이기 마련이다.
When your only tool is a hammer, every problem looks like a nail.

— 서양 속담

: 강남 아파트의 가치 평가

이자를 만기에 원금과 함께 지급하는 채권이 있다. 발행자가 제시하는 금리는 확정적이지 않지만 대략 2% 정도로 물가상승률 수준이라 그리 높은 편은 아니다. 이 채권에는 기묘한 쿠폰인지 부적인지가 하나 있는데, 거액을 투자하기 때문에 자녀들의 명문대 입학에 우선권을 부여한다는 것이다. 또한 강남의 땅을 담보로 하기 때문 한정적으로 판매된다. 문제는 소액투자는 어렵고 개인 투자자라 할지라도 무려 20억 원 이상 단위로만 판매한다.

지방 국립대를 나와 공기업에 다니는 45세 김소심 부장은 중학생 아들 하나를 무슨 수를 쓰더라도 세칭 명문대에 보내려 작심했다. 채권에 붙어 있는 기묘한 쿠폰은 매우 솔깃할 수밖에 없었다. 살고 있는 전셋집과 현금을 탈탈 털어도 거액의 채권을 살 자금은 부족했다. 하지만 공기업 직원인 만큼 신용은 좋았다. 대출을 보태서 채권을 사기로 했다.

이 채권의 이름은 '강남 아파트'다.

집을 사는 것은 일생에 있어 가장 중요한 소비 행위이자 투자 결정이다. 그 정점에는 강남 아파트가 있다. 그런데 과연 적정한 가격인지가 의문이다. 절대 금액만 놓고 봐도 헉 소리 나게 비쌀 뿐더러 한강 변에 있다는 어느 단지는 평당 1억 원씩 하니 집값 비싸기로 이름난 도쿄, 홍콩과 비교해도 상대적으로 높은 금액이다. 여기서도 '비싸다, 아니다'의 기준점이 없다는 게 이견의 출발점이다.

현금흐름의 관점에서 강남 아파트 가격을 산정해 보면 판단의 혼선이 줄어들 수 있다. 단순하게 압축하면 강남 아파트가 낳는 (+)현금흐름은 1) 명문대를 졸업한 자녀가 취업해서 받는 '임금',

2) 언제가 될지 모르지만 가격 상승을 반영한 만기 시 '아파트 매각가'이다. (-)는 대출 이자 및 세금 등이다.

강남 아파트를 매개로 김소심 부장과 아들의 삶을 시간으로 나열해 보자. 김소심 부장은 평당 7천만 원에 34평 아파트를 사면서 취득세까지 대략 24억 원을 지불했다. 부족한 현금은 대출을 이용해 약 40%에 해당하는 9.5억 원을 조달했다. 신용도 좋고, 다른 대출도 없는 김소심 부장이 부담하는 금리는 고정으로 3%, 상환기간은 20년이다. 매년 6,400만 원을 상환하느라 허리가 휘지만, 정년이 보장되는 직장에 다니기 때문에 꾸역꾸역 갚을 수는 있을 것 같았다.

유일한 취미인 골프를 끊고, 건강도 챙길 겸 전철로 출퇴근하면서 기름값도 제법 줄었다. 60년대생들이 자리를 비키지 않고 주야장천 해먹으면서 임원 승진의 기회는 점점 적어지는 찰나, 희망퇴직을 신청하면 꽤 챙겨준다기에 자의 반, 타의 반으로 정든 직장을 나왔다. 이때 나이 55세, 퇴직금과 명퇴금을 잘 굴리면 남은 대출은 순조롭게 상환될 것 같았다.

암기력이 나쁘지 않은 김소심 부장의 아들은 그동안 사교육의 메카 강남에서 학원 뺑뺑이를 군말 없이 다녔다. 상위 5% 성적을 유지하며 결국 명문대에 입학했다. 기묘한 쿠폰은 김소심 부장의 바람을 배신하지 않은 셈이다. 또 나름 이런저런 스펙을 쌓고, 취업 준비에 매진한 아들은 아버지의 뜻대로 높은 경쟁률을 뚫고 대기업에 들어간다. 대략 이런저런 수당과 보너스를 합치니 신입사원 1년 차의 연봉은 6천만 원이었다. 창의력은 부족하지만 눈치 빠르고 성실한 아들은 동기들에 뒤지지 않고 매년 평균 5%의 연봉 인상률을 유지했다. 세월은 흘러 아들이 50대에 들어섰다. 국민연금에 의지해 살던 아버지는 생각지 못한 암 판정을 받고 일찍 눈을 감았다.

달랑 아파트 한 채를 남겼는데 아버지를 여읜 슬픔에 아랑곳없이 이런저런 공제 후에 상속세율로 시가의 20% 정도를 내라는 무미건조한 국세청 고지서가 날아왔다. 아들은 5년간 유예해서 납부하는 형태로 처리했다.

아들은 다니던 대기업에서 임원은 되지 못했지만, 자회사에 재취업해서 60세까지 소득을 유지할 수 있었다. 국민연금을 수령할 수 있는 65세까지 수입이 줄어드는 위기가 있었지만, 그럭저럭 버텨냈다. 아버지보다 3년 더 장수를 누린 이 강남 키즈는 83세에 눈을 감으면서 최종적으로 채권은 상환되었다.

2대에 걸친 재미없는 이야기를 늘어놓은 이유는 현금흐름적 관점에서 강남 아파트에 대한 가치를 단순하게 설명하기 위해서다. 모든 자산을 하나의 채권으로 간주하고 여기서 파생되는 현

돈의 거짓말

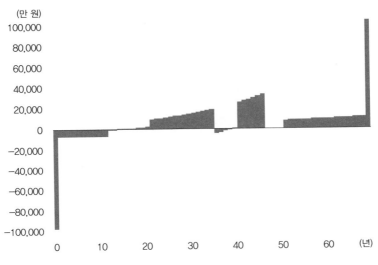

▲ 강남 아파트로 파생된 2대에 걸친 현금흐름

금흐름을 가정하고 측정해 보면 대략적인 평가가 가능하다.

앞선 그림은 매년 지출되는 현금과 유입되는 현금을 보여준다. 초기에는 대출 원리금 상환으로 큰 폭의 (-)를 보이지만, 아들이 취업에 성공한 시점부터 (+)로 전환된다. 상속세가 납부되는 시점과 아들이 은퇴하는 시점에 급감하고, 국민연금을 수령할 때부터 다소 상승한다. 아들 사망 시 이 채권이 상환된다고 하면 그동안의 이자에 해당하는 집값 상승률(2.5% 가정) 투자 원금이 일시에 인식된다.

대략 단순하게나마 가정을 동원해서 현금흐름을 산출하고, 이것을 다시 현재가치로 평가해 보면 기묘한 쿠폰이 붙어 있는 아파트의 가격은 25억 원이 된다. 즉 김소심 부장이 지불한 아파트 값은 속고 산 것은 아니라는 결론에 다다른다.

이 가정에는 보유세, 종부세, 아들의 임금 중 소비하고 남은 여분을 금융자산 등으로 재투자할 때 나오는 소득이 빠져 있다는 맹점이 있다. 아들이 너무 욕심을 내서 주식 투자에 실패를 하지 않거나 나처럼 동료에게 폰지 사기 피해를 보지만 않는다면, 아파트의 보유세는 충분히 상쇄할 것이다. 또 한 가지, 만약 명문대에 들어가지 못하거나 높은 임금이 보장되는 대기업에 입사하지 못한다면 현금흐름을 산출하는 기본 가정이 모두 헝클어진다. 하지만 김소심 부장이 아파트를 사는 의사결정을 하는 시점에서는 고려할 사항이 아니다. 김소심 부장 입장에서는 아들이 무조건 명문대-대기업에 들어갈 것이라고 믿고, 또 그래야만 했기 때문이다.

이렇게 장기간의 현금흐름을 예측하려면 생각이 많아서는 안 된다. 가장 중요한 요소들만 가정해야 하고 사소한 것들은 무시해도 좋다. 어차피 삶을 사는 과정에서 예상대로 되는 것이 얼마나 있겠는가? 너무 많은 걱정과 사소한 것들까지 신경 쓰면 그건 소설을 쓰는 것 그 이상이 아니다.

돈의 거짓말

: 현금흐름을 흡수하거나, 분산하거나

이렇게 현금흐름적인 사고에 익숙해지다 보면, 문제 해결에 있어 장기적이고 구조적인 접근을 하게 된다. 지금 현세대의 가장 큰 문제는 바로 집값이다. 아무리 봐도 일해서 사기는 어렵다. 불평등을 불러일으키고 계급을 세습하는 데 공고히 하는 기제나 다름없다.

다음 표는 서울에서 주택가격 상위 20%(5분위)의 집을 소득으로 사기 위해서 얼마의 기간이 소요되는지를 보여준다. 서울 상위 20% 집은 약 24억 원(21년 6월 현재, KB국민은행 통계)이다. 가장 소득이 적은 1분위(하위 20%)에 속하는 가구는 106년, 2분위는 53.7년이니 살아생전 사기 어렵다는 의미나 다름없다. 문제는 이 기간이 갈수록 늘어날 뿐 아니라, 소득 분위 간의 기간 차이도 벌

서울 가구 연소득

(년)

구분	연도	1분위	2분위	3분위	4분위	5분위
상위 20% 평균 주택가격/ 연소득	2008	72.7	36.1	25.4	19.0	11.5
	2021	106.0	53.7	38.9	29.3	17.4
	갭	33.3	17.7	13.4	10.3	5.9

▲ 서울 상위 20% 주택가격 / 가구소득

어지고 있다는 점이다. 5분위 가구는 2008년과 비교했을 때 그 기간이 5.9년 늘어난 데 비해 1분위 가구는 33.3년 늘어났다.

감정으로 표현하면 좌절감이라 불릴 텐데, 이 좌절감 또한 상대적 강도가 벌어지고 있다. 소득이 높은 5분위 가구와 반대편 1분위 가구의 차이는 66.2년에서 88.5년으로 늘어났다. 바꿔 말하면 5분위는 주택가격 상승을 소득 상승으로 만회하는 정도가 남들보다는 낫다는 말이다. 소득 분포의 자료가 더 촘촘하게 확보된다면, 소득 상위 1%가 강남 아파트를 사는 데 소요되는 기간은 아마 예나 지금이나 큰 차이가 나지 않을 듯하다.

상황이 이러하니 장기적인 현금흐름(높은 소득이나 안정적으로 대출 이자를 갚을 수 있는 일자리)을 놓고 치열한 경쟁이 생기며 사교육에 유리한 지역으로 몰려간다. 당연히 집값 상승은 그 지역을 중심으로 동심원을 그리며 확산한다.

만약 이 일이 문제라고 판단해 해결점을 찾는다고 해보자. 어떻게 해야 할까? 해결책의 방향은 집값을 잡는 정책이 아니라, 현금흐름을 잡는 정책이 되어야 한다. 집값 자체가 비싸다고 이를 '때려잡겠다'는 접근 자체는 문제를 지나치게 내재화한다.

불과 1년 전 총선에서 대승을 거둔 여당 집권 세력 일각은 지방선거 재보선에 참패하자 'LH 사태' 때문에 청년층의 표심을 잃

돈의 거짓말

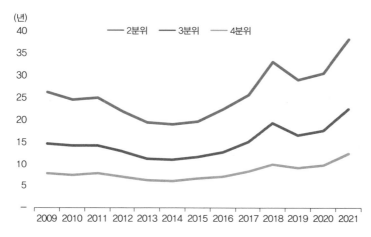

(년)

┌─────────────────────────────────┐
│ ─── 2분위   ─── 3분위   ─── 4분위 │
└─────────────────────────────────┘

▲ 상위 20% 주택 구매를 위해 걸리는 시간의 차이(소득 5분위 대비 기준)

어서라는 원인 분석을 내놓았다. 이 논리를 따르면 LH 사태 관련 인사를 물갈이하면 다음 선거에 이길 수 있다는 안이한 결론이 나온다.

세월호 사고를 선장의 책임 방기와 세월호 소유주의 비리로 몰아가면서 이들만 단죄해 봐야 재발을 방지하는 효과는 크지 않다(물론 필요하지만). 문제는 과적, 과속, 안전을 담보하는 제반 규제 장치를 어기는 이유를 찾아서, 여기에 대한 책임을 묻고 제도적으로 보완하는, 즉 문제를 '외재화'하는 접근 태도가 필요하다.

하버드경영대학원 크리스 아지라스Chris Argyris 교수는 조직 학습과 관련된 개념으로 단일순환학습single-loop learning과 이중순환학습Double-loop Learning을 제시한 바 있다.

단일순환학습은 기본적인 가정이나 목표의 변화 없이 기존의 행동 방식을 정교하게 개선하는 것인데, 이중순환학습은 기존 행동을 지배하는 여러 전제 요건과 가정들에 근본적인 의문을 품고(특히 단일순환학습만으로는 해결되지 않고 문제의 제자리만 맴돌 때) 창조적이고 획기적인 질적 변화를 추구한다는 개념이다. 전자가 단순한 오류 확인과 시정에 그친다면, 후자는 시스템 전체를 바꾸려한다는 근본적인 차이가 있다. 쉽게 말하면 고쳐Fix 쓸 것인지, 싹

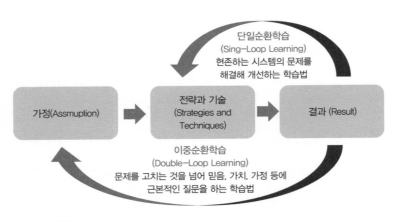

▲ 이중순환학습

돈의 거짓말

바꿀Change 것인지의 차이다.

부동산에 대한 대책들은 차수를 거치면서 단일순환만 거듭하고 있는 듯하다. 사과하고 장관 사퇴하고(아니면 다른 희생양 찾고), 세제 손질하고 다시 완화하는 이러한 과정을 몇 번 반복하면 정권이 바뀌는 식이다.

집 안에 쥐가 득실거리는 게 싫다면 쥐가 먹을 게 없도록 집 안 곳곳을 청소하고, 침입하지 못하도록 빈틈을 메꾸는 것이 답이다. 쥐를 못 잡는다고 소심한 아버지에게 핀잔을 주거나, 관리사무소에 방역의 소홀함을 화풀이해 봐야 바뀌는 건 아무것도 없다. 반대로 내 집의 모든 쥐를 잡았다고 해도 옆집 쥐가 내 집에 남은 먹이의 냄새를 맡는다면 그 틈을 어떻게든 비집고 들어오게 된다. 하물며 사람의 눈앞에 계급의 세습과 안정적인 소득 흐름이 보이는데 누가 포기하겠는가? 모든 이해관계자가 예상하는 현금흐름이 줄어들 것이라는 인식을 공유하는 방향으로 제도를 만들어야 하는 이유다.

부자에게 세금을 거둬서 집값을 잡겠다는 식의 징벌적 발상으로는 많은 반대와 공격을 낳을 수밖에 없다. 명분은 집값이라는 외피를 바로 잡는 게 아니라, 그 안에 도사린 계급과 세습의 불균형을 바로 잡는 것으로 수정되어야 한다. 더 근본적으로 고용 구조의 변화와 연계하지 않는 한, 집값 자체를 억누르는 정책은 한계가 있을 수밖에 없다. 아래의 보고서는 고용과 자산소득의 상관성이 깊어지고 있음을 말하고 있다.

고전적 자본주의 사회에서는 자본가와 노동자가 각각 자본소득과 노동소득을 받는 것으로 상정하였다. 자본소득을 받는 자본가는 최상위 소득 집단에 속하고 임금을 받는 노동자는 하위 소득 집단에 속한다고 보았다. 그런데 현대 자본주의에서는 최상위 소득 집단에서 근로소득의 중요성이 증가하고 있다. 근로소득과 자본소득의 경계를 분명치 않게 만드는 사람들은 회사 고위 임원, 전문직, 사무직 근로자들이다. 한국에서 지대 추구형 자본가라고 불릴 만한 자본소득자는 최상위 0.01% 집단에 한정되어 있다. 최상위 1% 소득 집단에서도 근로소득의 비중이 가장 높다.

그리고 예전과는 달리 최상위 소득 집단으로 갈수록 근로소득과 자본소득의 상관관계가 증가하고 있다. 많은 근로소득을 얻는 사람들이 근로소득으로 자산을 축적하고 축적한 자산에 기반하여 재산소득을 얻는 경우가 늘어나고 있다.

근로소득과 재산소득의 상관성이 증가하고 있는 사실을 감안하면, 불평등을 줄이기 위해 재산소득에 과세하는 것으로는 충분하지 않다. 최상위 근로소득 집단의 재산소득이 많은 것은 근로소득을 축적한 결과이기 때문에 근로소득에 대한 과세가 소득 불

돈의 거짓말

평등 완화에 중요한 역할을 한다. 소득원천에 대한 구분 없이 종합소득에 대해 누적적인 과세를 하는 것이 장기적으로 소득 불평등을 완화하는 중요한 수단이다.

— "노동소득과 재산소득의 관련성",
〈한국노동연구원 연구보고서 2018-09〉

2014년 삼성그룹은 신입사원 채용에 대학별 총장 추천 인원을 할당했다. 고용과 대학 서열을 매칭하는 게 아니냐, 신입사원을 납품받냐 등등 비판이 쇄도했다. '취업준비생에게 혼란을 줘 대단히 죄송하다' 하고 사과하면서 일단락되었지만, 이미 하던 일이 드러났을 뿐이다. 삼성만 하던 일도 아니었다. 일부 대학은 대기업과 계약해 반도체 관련 학과를 만들고 입학과 동시에 취업을 보장하는 형태로 진화하고 있지 않은가? 이마트가 고랭지 배추밭을 입도선매하고, 제주도에서 광어 양식장을 계약 운영하는 것과 다를 바 없다.

상징적으로 표현하면 '강남-SKY-삼성'으로 이어지는 구조적 고리, 다시 말하면 노동소득의 장기적 불균형을 낳는 입시와 노동시장의 구조에 변화를 주는 것이 부동산 정책의 핵심이 되어야 한다.

06 현금흐름적 사고 3: 현금 부자 vs. 현재가치 부자

미래를 예측하는 가장 좋은 방법은 미래를 만드는 것이다.

The best way to predict the future is to create it.

— 에이브러햄 링컨Abraham Lincoln

⁝ 부자와 Fxxk You Money?

KB금융연구소는 매년 금융자산 10억 원 이상을 지닌 사람들을 대상으로 한 설문을 바탕으로 〈한국 부자 보고서〉를 발표한다. 경제와 사회적인 변화의 흐름을 파악하는 데 큰 도움이 될 뿐 아니라, 술자리에서의 안줏거리로도 흥미진진한 소재다.

안줏거리로 가장 쓸 만한 건 "부자의 기준은 얼마라고 생각합니까"라는 항목이다. 금융자산 10억 원을 지닌 사람들이 대

돈의 거짓말

상이다 보니 일반인의 인식과 괴리가 큰 편이다. 2020년 리포트는 중간값이 70억 원이다. 중간값은 이렇지만 응답한 65%가 50~300억 원 사이에 넓게 분포되어 있고, 표본이 400명 안팎에 불과하다는 한계를 지닌다. 10년 전 설문은 중간값이 50억 원으로 차이를 보이지만, 50~300억 원 사이의 응답 분포는 68.3%로 유사하다.

술자리에서 얘깃거리가 떨어지면 물어봐라. "부자는 얼마 있어야 해요?"라고.

누구는 30억 원, 누구는 100억 원 등등 그 편차가 너무 크다. 사실 이 질문에는 답이 없다. 제일 먼저 답하는 사람의 기준치에 대략 묻어가는 결과가 나오거나, 아주 파격적으로 0을 하나 더 붙이는 식이다. 그래서 평균 자체도 왜곡시키는 결과만 확인할 뿐이다.

인식 차이가 크게 생기는 경우, 그 대부분의 이유는 '정의 Definition'가 없어서다. 내 친구는 이렇게 정의했다. '부자의 기준은 Fxxk you Money가 있냐, 없냐의 차이'라고. 풀어서 말하면 '직장 상사가 참기 힘든 모욕감을 줄 때, 가운뎃손가락을 펼쳐 보이며 언제든 사무실을 박차고 나갈 수 있는 기개, 그 기개의 밑천이 되는 현금'이다. 순화해서 표현하면 자존감을 지키면서 먹고살 수 있는 최소한의 돈을 가지면 부자라는 말이다.

2008년 글로벌 금융위기의 암운이 드리우기 시작할 무렵 삼성 생명은 보장자산 캠페인을 대대적으로 전개했다. 삼성생명이 정의한 보장자산이란, 가장家長의 예기치 못한 유고로부터 가족의 경제적 리스크를 해결해 주는 '재정적 안정자산'이자 마음의 평화를 가져다주는 '심리적 안정자산'이다.

금융위기가 닥치면서 캠페인인지 마케팅인지 흐지부지되어 버렸다. 이 캠페인의 주력 상품인 종신보험과 암보험 등은 비싸기도 하고, 금융위기 이후 금리가 더 떨어지면서 보장을 위한 자산 운용이 어려워졌기 때문이다.

성공을 거두지 못했지만, 보장자산이라는 단어를 뇌리에 각인 시키는 나름대로 의미 있는 시도였다. 보장자산을 갖추었다면 마음의 평안을 지닌, 소극적인 의미의 부자라 할 수 있다.

∶ '현재가치 부자'가 진짜 부자

부자는 3대를 가지 못한다거나, 물려받은 부富는 독毒이라는 속담들이 의미하는 바는 부자라고 해도 근로 의욕을 잃거나, 방탕한 삶에 빠지면 부자가 아니라는 점을 강조한다. 바꿔 말하면 장기적인 현금흐름을 유지하는 게 진짜 부자라는 의미기도 하다.

내가 내린 부자의 정의는 이렇다. 현재 현금이 많은 것이 아니라, '현재가치 기준의 부'가 많은 사람이다. 이 정의에 부합하는지 확인하려면 장기적인 노동소득, 투자소득 및 연금 등을 현재의 가치로 평가해 보는 작업이 선행되어야 한다.

이 작업을 위해서는 크게 세 가지가 필요하다.

1. 노동소득은 얼마나 오래 안정적으로 유지될 것인가?
2. 자산소득은 평균적으로 몇 % 상승 가능할 것인가?
3. 삶의 여러 중요한 국면에서 소비 및 지출의 수준은 어느 정도인가?

1과 2를 더하고 3을 빼면 죽을 때까지의 순현금흐름Net Cash Flow을 뽑아낼 수 있다. 거기에 매년 나오는 현금흐름을 적정 할인율로 나누면 현재가치가 나오고 이걸 모두 더하면 현재가치 기준 자신의 부가 되는 것이다. 앞서 서술했던 단순한 현금흐름의 산출과 위험을 고려한 적정한 할인율의 개념을 우리 삶에 적용한 것이다.

한 치 앞도 내다볼 수 없는데 무슨 숫자놀음이냐며 비아냥거릴 수 있지만 새로운 것도 아니다. 사실 언제까지 직장 다니고, 어떻게 투자를 좀 잘해서 불안을 덜어볼까 하는 생각을 안 해본 사람은 없지 않은가. 이를 조금 더 종합적으로 짜임새 있게 해보는 시도일 뿐이다.

대략 다음과 같이 가정해 보자. 나이 35세, 두 자녀를 둔 가장이다. 현재 월 급여는 세후 500만 원, 20년간 더 일하면서 연간 3%의 임금 인상률을 유지하다가 아쉽지만 55세에 퇴직한다. 부모의 도움과 최근까지의 맞벌이로 아껴 모은 시드머니는 5억 원가량이다. 소득 대비 70%를 지출하고 남은 잉여와 시드머니를 합쳐 매년 4%로 투자이익을 거두고, 은퇴 후 지출은 이전의 60%선으로 줄인다. 할인율은 대략 3%를 적용했다. 84세까지의 노동소득과 자본소득을 종합적으로 추정하고 이를 다시 현재가치로 평가해 보면, 약 20.4억 원이 나온다. 내가 현금이 없지 현재가치가 없냐라는 말이 절로 나온다.

주거비용에 대한 가정이 빠져 있다는 점이 부족한 부분이지만 상관없다. 이건 정확한 사례도 아니고 어떤 가정들이 필요한지에 대한 제시일 뿐이다. 필요하면 해당하는 항목을 가정(집을 산다고 하면 대출 수준, 금리, 기간 등)하고 수반되는 비용과 수익을 가감하면 될 뿐이다.

돈의 거짓말

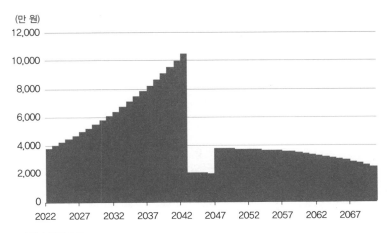

(만 원)

▲ 인생의 현금흐름

　중요한 것은 구성 비중에 있어 노동소득 못지않게 자본소득이 중요하다는 점이다. 이 가정에 따르면 60%가 노동소득, 40%가 자본소득이다. 만약 투자 수익률이 0.5%만 높아져도 이 비중은 역전된다. 이유는 은퇴 이후의 기간이 노동 기간보다 길 뿐 아니라, 흔히 말하는 복리 효과가 생겨 시간이 갈수록 크게 작용하기 때문이다. 현금흐름을 잘 만들어야 한다고 관념적으로 이해하는 것과 실제로 이러한 작업을 해보면서 체감하는 것은 전혀 다른 차원의 일이다.

구분		월 급여(만 원)							
		100	200	300	400	500	600	700	800
투자 수익율 (%)	1.5	10.4	10.0	9.6	9.3	8.9	8.5	8.1	7.8
	2.0	11.6	11.3	11.0	10.7	10.4	10.1	9.8	9.5
	2.5	13.0	12.8	12.6	12.4	12.2	12.0	11.8	11.6
	3.0	14.8	14.7	14.6	14.5	14.4	14.3	14.2	14.1
	3.5	17.0	17.0	17.0	17.1	17.1	17.1	17.2	17.2
	4.0	19.6	19.8	20.0	20.2	20.4	20.6	20.8	21.0
	4.5	22.8	23.2	23.6	24.0	24.5	24.9	25.3	25.7
	5.0	26.7	27.4	28.1	28.8	29.4	30.1	30.8	31.5
	5.5	31.5	32.5	33.5	34.5	35.5	36.5	37.5	38.5
	6.0	37.5	38.8	40.2	41.6	43.0	44.3	45.7	47.1
	6.5	44.7	46.6	48.4	50.3	52.1	54.0	55.8	57.7
	7.0	53.7	56.1	58.5	60.9	63.3	65.8	68.2	70.6

(억 원)

현재가치 기준의 부는 우리에게 세 가지 의미를 가져다준다.

첫 번째는 계획된 삶이다.

재능과 기개를 겸비한 자유로운 영혼이라면 이런 것을 무시해도 되겠지만, 대부분 보통 사람의 삶에는 나름의 계획이 필요하다. 계획이란 시간의 지평에 여러 가정을 덧붙이고 결과를 가늠해 보는 행동이다.

돈의 거짓말

평생의 현금흐름에도 필요한 가정이 있다. 앞서 제시한 세 가지에서 1번의 전제에는 연봉, 연봉 인상률, 근로소득 기간 등을 가정해야 한다. 2번은 금융자산을 어떻게 구성할지, 가장 중요한 집은 언제 어떻게 마련할지 등이다. 3번의 경우 굳이 설명이 필요할까? 가급적 알뜰하고 합리적인 소비를 하는 태도를 갖추고, 삶의 국면별로 어떤 큰 지출이 있을지 가늠해 보는 것이다.

멀리 가려면 어떠한 경로를 거쳐야 하는지 고민하게 된다. 즉 합리적인 가정을 하게 된다. 서울에서 부산까지 가는 데 시속 230킬로미터로 쉬지 않고 달려 2시간에 주파할 거라고 가정하는 사람은 없을 것이다. 이러한 태도가 몸에 익으면 적어도 매년 2배의 수익률을 가정하고 대박주를 찾아다니는 헛고생은 하지 않게 된다. 또는 매일 주식으로 단타를 쳐서 수익을 내겠다는 헛된 신념으로 하루하루가 피폐해져 가는 비극을 막을 수 있다.

두 번째는 능동적인 삶이다.

이러한 가정을 따라간다는 것은 주어진 일을 하루하루 거듭하는 데서 벗어나 더 큰 현금흐름을 이루기 위한 적극적인 시도를 한다는 것을 의미한다. '현금 기준 얼마'는 매우 피동적이지만, '현재가치 기준 얼마'는 매우 능동적인 의미를 내포한다.

목표한 현금흐름에 부족하다 싶으면 금융자산의 수익률을 높이기 위해 세제 혜택 상품이나 해외투자에 눈을 돌리는 노력이 그것이다. 또는 기다리고 기다리던 검은 백조, 혹은 그보다 작은 흰 백조가 찾아올 때(시장의 크고 작은 조정이 오면) 눈여겨보던 높은 배당 수익률을 갖춘 기업에 투자를 늘릴 수 있도록 공부하고 스크리닝하는 노력이 선행되어야 한다. 지금 이 책을 여기까지 읽은 독자도 그러한 능동적인 태도로 책을 고르고 시간을 할애한 것 아닌가?

만약 맞벌이 가구라면 둘 중 하나는 생계를 유지하고, 재능 있는 하나는 모험심을 가지고 사업소득을 영구적으로 거두는 시도를 해볼 수도 있을 것이다. 마치 「큰 바위 얼굴」 우화처럼 목표를 위해 현금흐름의 가정을 개선하려고 더 넓은 시각과 지식을 갖춰가면 한 단계 업그레이드된 자신과 마주하게 된다.

세 번째는 마음의 안정이다.

짧아지는 근로기간과 여러 노동 대체재의 등장으로 많은 사람이 미래를 불안해한다. 때론 너무 낮은 수익률의 금융상품에 투자하거나, 반대로 급한 마음에 너무 큰 위험을 떠안는 실수를 범한다. 후배 중 하나는 연금상품에 너무 많이 가입했는데, 적립금을 쳐다볼 때마다 안정감을 느낀다는 이유라고 했다. 들어보면 그다지 좋은 상품이나 보험사도 아니고, 매달 납입 보험료를 보면 유지가 어려워 보인다. 어떤 젊은 친구는 나스닥 ETF에 전 재산을 '몰빵'했다. 이전처럼 연간 12%로 상승하는 추세가 유지될 것이라 확신하고, 노후는 충분히 커버할 수 있다는 뇌피셜을 가동한다. 위험을 줄인다고 퍼터만 들고 다닐 수 없고, 그렇다고 매킬로이의 드라이버를 흉내 내다가는 홀마다 OB를 치거나 공 찾느라 캐디의 눈총을 받기 십상이다.

불확실한 삶의 예상 속에서 모든 경우의 수를 생각할 수 없고, 과도한 기대만 앞세울 수도 없다. 앞서 서술한 것처럼 단순한 것이 덜 틀리는 법이다. 현금흐름적 사고에 익숙해지면 합리적이고 단순하게 생각할 수밖에 없다. 작은 걱정은 큰 걱정을 해결하고 나서 생각할 문제다.

이처럼 긴 현금흐름을 추정하는 데 있어 요소요소에 자리 잡고 있는 가정들을 나에게 우호적으로 만드는 노력이야말로 삶의 안정감을 만들어내는 태도라 할 수 있다.

노동소득을 유지하고, 필요한 소비를 하고, 투자소득을 합리적 수준에서 거둘 수 있는 노력을 하면 현재가치 기준의 부는 생각보다 적지 않다. 유산을 놓고 형제들끼리 으르렁거리는 현금 부자보다 더 단단한 마음의 안정을 갖게 해준다. 또는 기대보다 부족하다면 보완할 수 있는 노력을 어느 시점, 어느 부분에 투사해야 할지 알게 된다. 지향점이 있고 그것을 위해 꾸준히 수단을 고민하는 사람은 분명 다른 법이다.

　현재가치 기준으로 내 친구가 말한 Fxxk You Money가 미처 쌓이지 않았다면 상사의 방문을 박차고 나오는 호기로운 행동은 좀 더 미뤄야 할 것이다.

노동의 허울을 넘는
좋은 투자

: '노력-노동-보상'의 허울을 대체하는 좋은 투자

광화문 근처 흥국생명빌딩 앞에는 「망치질하는 사람」이라는 거대한 조형물이 있다. 실제로 끊임없이 망치질을 하면서 노동의 고귀함을 묵묵히 표현하고 있는 듯하다. 여의도에서 광화문을 오가는 나는 이 조형물을 자주 볼 수밖에 없는데, 이때마다 왠지 모를 불편함을 느낀다.

노동의 고귀함을 상징적으로 보여주는 데 경건함이 아니라 불편함을 느낀다고? 어찌 땀 흘려 일하는 가치를 부정하겠는가. 나도 20여 년 넘게 노동을 통해 삶을 지탱해 왔다. 과거를 통째로

부정하고 싶은 생각은 없다. 상식에 반하는 불온한 태도 근저에는 어떤 당위적인 강박관념에 대한 거부가 있기 때문이다.

> 네가 흙으로 돌아갈 때까지 얼굴에 땀이 흘러야 먹을 것을 먹으리니 네가 그것에서 취함을 입었음이라. 너는 흙이니 흙으로 돌아갈 것이니라.
>
> — 구약성서 〈창세기〉 3장 19절

현존하는 가장 오래된 책에서도 타락한 아담에게 신이 내린 저주는 노동이 아니었던가. 나는 노동을 하는 이유, 다시 말해 노동자는 고귀하지만 노동 자체는 고귀하다고 생각하지 않는다. 힘든 노동 과정을 줄여주고, 더 큰 물질적 번영을 위해 생산적 영역에 투입되어 정당한 가치를 인정받는 노동을 확대해야지, 단순 반복 노동이나 노동으로 각색된 착취를 권장해서는 안 된다.

우리는 압축성장 과정에서 열심히 일하는 것 이외에는 가난을 걷어낼 방법이 없었고 자연스럽게 숭고한 노동의 가치에 대해 끊임없이 주입받았다. 문제는 노동의 가치를 지나치게 주입하고 신성시하다 보니 일하지 않는 소득, 즉 '불로소득'에 대해 획일적인 거부감을 가지게 됐다. 물론 물려받은 돈이나, 부정하게 번 돈으로 놀고먹고 부동산 투자하면서 젊은 세대의 기회를 박탈하는 부

돈의 거짓말

류의 인간들은 비난받아 마땅하다.

하지만 노동하지 않는 소득을 막연히 터부시하면 문제가 생긴다. 먼저 좋은 노동을 만드는 투자를 제한한다. 생산적인 영역으로 투자가 효과적으로 집행되기 위해서 반드시 필요한 금융자본, 금융 및 주식시장에서 얻는 소득까지 색안경을 끼고 보게 된다. 그 출발점이 바로 노동에 대한 과도한 신성시가 아닐까.

어떤 애널리스트가 개미 투자자가 퇴근하고 엄청난 시간과 노력을 들여 주식과 해당 산업을 공부하기 때문에 그 이익은 불로소득이 아니라고 강변할 때 실소를 금할 수 없었다. 이러한 설명이야말로 '노~오~력'을 노동으로 치환하려는 시도이자, 노동을 신성시하는 도그마를 강화시켜줄 뿐이다. 물질적 번영을 위한 생산적 영역에 시간과 노력이 투자된다면 그 역시 좋은 노동의 다른 버전이다.

노동 없는 소득을 터부시하면 생기는 또 다른 문제는, 비례적 공정의 논리가 우리를 현혹하고 현실을 직시하지 못하게 한다는 점이다. 노력-노동-보상으로 이어지는 비례적 공정의 논리는 겉보기에 그럴듯해 보이지만, 우리의 현실을 돌아보면 애초부터 말이 되지 않는다. 아무리 열심히 일해도 보통 사람의 가장 기본적인 욕구인 내 집 마련, 계층 이동이 불가능하다. 이러한 비례적 공정 논리는 힘든 세상살이를 은폐하는 도구일 뿐이다.

우리가 사는 세상의 실체는 지주-소작농의 전근대적인 경제 체제와 분배 구조에 다시 가까워지고 있다. 대부분의 젊은 세대는 편안히 정주할 수 있는 집 한 채 마련하려고 열심히 일한다. 주식 투자에 뛰어든 이들 역시 집 한 채 장만하는 데 보태기 위한 것이라고 이구동성으로 말한다. 결국 건전한 소득(노동소득, 자본소득)이 부동산 투기로 흡수되는 구조다. 이것이 지주-소작농이라는 전근대적인 경제 구조로 역행하는 것이 아니라면 무엇인가. 더 심하게 말하면 근로소득을 착취한다는 점에서 교묘하지만 보이지 않게 노예제도가 부활한 것이다. 젊은이에게는 열심히 일해야 한다고 소리치면서, 기성세대들은 부동산 투자에 심취해서 이들의 근로소득에 빨대를 꽂는다. 노력-노동-보상의 순환고리가 깨진 상황에서 투자야말로 보상을 스스로 부여하는 유일한 수단이다. 일하지 않는 소득이라고 비난할 거리도 아니다.

과시적 소비 이론으로 알려진 경제학자 소스타인 베블런 Thorstein Veblen의 다음 글을 읽어보면 '투자소득＝불로소득'이라는 부정적 강박관념을 깔끔하게 벗어던질 수 있다.

공동체의 삶 속에서 보유되고 사용되며 또 전수되는 기술적 지식은 물론 개개인들의 경험에서 이루어진 여러 발견으로 이루어진다. 경험, 실험, 습관, 지식, 창의성 등이란 개개인들의 삶에 나

돈의 거짓말

타나는 현상들로서, 공동체 전체의 지식이 생겨나는 원천은 이러한 것들일 수밖에 없다. 그 전체 차원의 지식의 총량이 불어날 수 있는가는 그 내부의 개개인들이 자기의 경험과 창의성으로 얻은 지식을 전체 차원에서 계속 축적할 수 있는가에 달려 있으며, 결국 개개인들이 다른 이들의 경험에서 무언가를 배우는 것이 가능한가에 달려 있다. (중략)

그 공동의 지식 축적의 성장과 활용의 역사야말로 물질문명의 역사라고 할 수 있다. 이 무형의 기술적 장비란 바로 필요 물자 조달의 수단과 방법에 대한 지식이며, 그 지식은 그 공동체 성원들이 생계 수단으로 삼는 물질적 발명품들 및 그 사용 과정들 속에 체현되어 있다. (중략)

모든 유형 자산들은 거기에 체현되어 있는 산업적 발견 및 발명, 그리고 그 물질적 자산의 소유권을 통해 그 소유자가 독점해 버릴 수 있는 비물질적인 산업적 발견 및 발명 등에 그 생산성과 가치의 원천을 두고 있다. 이러한 것은 반드시 공동체가 만들어낸 생산물이며 그 공동체의 과거와 현재에 걸친 경험에서 나온 비물질적 잔여물로써 그 공동체 전체의 삶과 분리해서 존재할 수 없고 또 그것을 다음 세대로 전수하려면 그 공동체 전체를 유지하는 수밖에 없다.

— 『자본의 본성에 관하여 외』, 소스타인 베블런

우리가 자본이라 부르는 것의 생산성은 공동체가 소유한 무형의 지식에서 비롯된다. 현대 산업사회로 넘어오면서 덩치가 커진 (자본이 집약된) 대기업들이 누리는 이익은 더욱더 사회가 공통으로 축적한 기술에 근거한다. 그들이 소유권, 특허권 등의 제도로 (토지 소유자들처럼) 보호받고 있을 따름이다. 즉 우리의 몫도 자본의 가치에 이미 포함된 셈이다.

베블런의 글을 읽다 보면 유상으로라도 우리의 몫을 찾아오는 것이을 결국 투자라는 행위가 아닌가 싶다. 그러니 돈 잘 버는 좋은 기업을 찾아내서 열심히 투자하라. 그러면 거대 자본과 플랫폼이 독식하고 상대적으로 노동이 소외당하는 구조가 조금은 약화되리라. 우리가 헌신한 인류의 지적 자산을 우리의 것으로 만들 수 있으리라.

: 재능과 기개

"진실을 못 보도록 눈을 가리는 세계란 말이지…….."

"무슨 진실요?"

"네가 노예란 진실!"

"파란 약을 먹으면 깨어나. 모든 걸 잊고 네가 믿고 싶은 걸 믿으면 돼. 빨간 약을 먹으면 이상한 나라에 계속 남게 되고, 토끼 굴이 얼마나 깊은지 보여줄 거야."

「매트릭스」의 네오(키아누 리브스 역)는 빨간 약을 선택하는 기개를 지녔다. 우리의 현실에서 빨간 약을 선택할 수 있는 힘은 무엇일까?

네오처럼 주체적인 삶을 선택하기 위해서는 두 가지가 필요하다. 하나는 재능才能이고, 또 다른 하나는 기개氣槪다. 내가 볼 때 모든 사람은 적어도 한 가지 이상의 재능을 가지고 있다. 운동 신경은 물론이고, 예술적 소질, 타고난 유머 감각, 심지어 도박을 잘하는 것도 재능이라면 재능일 것이다.

기개는 용감함과 대범함 같은 기질로 생각할 수 있지만, 사실 우리의 현실에서는 경제적 여건을 의미한다. 적어도 생계를 유지하고 부양의 의무에 대한 자유로움 말이다. 이 전제가 없이 자유롭게 사고하고 행동하라는 기성세대의 조언은 공허하고 위선적일 수밖에 없다.

재능과 기개, 두 요소를 사분면에 2×2로 표시하고 본인의 위치를 찍어봐라. 만약 재능도 없고, 기개도 없다고 판단되면 할인율이 낮은 안정적인 일자리(본문 내용의 연장선에서)를 찾아 시험에 매진하는 게 좋을 것이다. 반대로 만약 재능도 있고 기개도 있는 네오 같은 사람이라면 뭐 걱정할 게 있겠나, 알아서 사시라……. 재능은 없는데 기개를 갖춘 경우는 스스로 일군 경제적 여유는 아닐 것이고 드문 경우일 테니 논외다.

문제는 재능은 있는데 기개가 없는 대부분의 사람이다. 소작농처럼 되는 현실에서 기개는 더욱더 작아진다. 투자를 통해 보완하는 수밖에 없다.

과잉 지대, 불로소득을 흡수하는 방법은 세제 개혁 및 토지 소유 개념의 전환이 전제되어야 하는데, 결국 민주적 선택의 결과로 완성될 수밖에 없으니 지난한 과정을 거쳐야 한다.

그전까지는 알아서 투자해서 기개를 세워나갈 수밖에 없다. 사회 안전망도 잘 갖춰져 있지 않은 상황에서 패자 부활전도 없고, 뛰다 넘어지면 부축해 주는 동료도 사라진 세상이다. 크레바스를 건너는 현실적인 방법은 결국 자본소득이다. 본문에서 말한 '현재가치 기준의 부' 말이다. 이는 노동소득과 자본소득이 적절하게 균형을 이루도록 나선형으로 쌓아나가야 한다.

이 과정에서 과도한 위험을 감수하거나 도처에 도사리는 금융 악당들의 꾀임에 빠지지 않도록 사려 깊은 판단력을 갖춘다면, 인생의 할인율은 낮아지게 된다. 결국 현재가치 기준의 부자가 되는 것이다.

지식은 문자로 표현될 뿐이고 그 자체만으로 존재한다. 이 책

돈의 거짓말

속의 글을 읽고 다 이해되지 않더라도 머릿속 어딘가에는 저장되어 있을 것이다. 그게 생각하는 힘이요, 근육이다. 자전거를 타는 방법, 수영하는 방법처럼 자연스럽게 연결해 생각하게 될 것이다.

이 책 여기저기에서 다소 투박하거나 설명이 부족한 부분을 발견할 것이다. 나의 글 쓰는 방식이 그렇기도 하거니와 친절함이 미덕만은 아니기 때문에 알면서도 남겨뒀다. 친절한 선배, 꼼꼼히 가르쳐주는 상사보다는 항상 고민거리를 남겨주고 스스로 찾아 해결하도록 이끌어 줘야 더 좋은 선생인 법이다.

돈의 거짓말

초판 1쇄 인쇄 2021년 11월 9일
초판 1쇄 발행 2021년 11월 17일

지은이 정길원
펴낸이 김선준

책임편집 임나리
편집2팀 배윤주
마케팅 조아란, 신동빈, 이은정, 유채원, 유준상
경영관리 송현주, 권송이

펴낸곳 (주)콘텐츠그룹 포레스트 **출판등록** 2021년 4월 16일 제2021-000079호
주소 서울시 영등포구 여의대로 108 파크원타워1 28층
전화 02) 332-5855 **팩스** 070) 4170-4865
홈페이지 www.forestbooks.co.kr **이메일** forest@forestbooks.co.kr
종이 (주)월드페이퍼 **출력·인쇄·후가공·제본** 더블비

ISBN 979-11-91347-55-5 03320

포레스트북스(FORESTBOOKS)는 독자 여러분의 책에 관한 아이디어와 원고 투고를 기다리고 있습니다. 책 출간을 원하시는 분은 이메일 writer@forestbooks.co.kr로 간단한 개요와 취지, 연락처 등을 보내주세요. '독자의 꿈이 이뤄지는 숲, 포레스트북스'에서 작가의 꿈을 이루세요.